CÓMO TRIUNFAR EN AMÉRICA

CÓMO TRIUNFAR EN AMÉRICA

¡La guía para el inmigrante!

RICARDO VILLALBA

Nancy Villalba, Arami Villalba

DC Media Academy

Contents

Mensaje		1
Introducción		2
1	¿Qué significa triunfar en la vida?	4
2	La tecnología, una herramienta esencial para el éxito	16
3	Primeros Pasos en Suelo Americano: Estableciéndose Legalmente	24
4	Aprender Inglés: La Clave para Tener Más Oportunidades	43
5	La Búsqueda de Empleo: Resume, Entrevistas y Redes de Contactos	48
6	Educación y Mejora de Habilidades: Invertir en Tu Futuro	63
7	El Sistema Financiero: Banca, Crédito e Impuestos en EE. UU.	87
8	Vivienda y Comunidad: Encontrando Tu Lugar	105

9	Navegando el Sistema de Salud: Seguros y Bienestar	111
10	La Legalidad de Vivir en Estados Unidos: Derechos y Responsabilidades	124
11	Emprendimiento: Iniciar tu Propio Negocio en Estados Unidos	134
12	Integración Social: Creando Conexiones y Construyendo Relaciones	166
13	Discriminación y barreras culturales: Navegando las complejidades de la sociedad estadounidense	172
14	Preservando la identidad cultural: Equilibrando dos mundos	180
15	El Largo Viaje: Reasentamiento Permanente y Éxito a Largo Plazo	186

Mensaje

Aunque puedes leer este libro de manera secuencial, también tienes la opción de acceder directamente al capítulo que aborda tus necesidades específicas de información o orientación. Cada capítulo está diseñado cuidadosamente para ayudarte a enfrentar un desafío o tema particular.

Esta guía está diseñada para brindarte información valiosa y orientación sobre la vida en Estados Unidos, ya sea que estés recién llegado al país o buscando establecerte de manera permanente. Cada capítulo te ayudará a abordar aspectos específicos de la experiencia como inmigrante en los Estados Unidos.

¡Bienvenido a tu nuevo hogar!

Para aprender más sobre cómo tener éxito en América, visita nuestro sitio web:
www.ComoTriunfarEnAmerica.com

Allí encontrarás información actualizada, entrevistas con latinos exitosos que comparten sus historias y cómo lograron triunfar en Estados Unidos. ¡No te lo pierdas!

Introducción

Cuando la mayoría de la gente piensa en Estados Unidos, lo imagina como el lugar donde todo es posible. Desde pequeño, yo también soñaba con este país, alimentado por historias y películas llenas de esperanza y magia. Pero al llegar aquí, me encontré con una realidad que no siempre era como la pintaban: el Sueño Americano, un camino lleno de obstáculos, noches de desvelo cargadas de preocupación y días interminables de esfuerzo y sudor.

Este libro, "Cómo Triunfar en Estados Unidos", no es solo una guía; es un viaje por el verdadero sueño americano. Está dedicado a aquellos valientes que han descubierto que forjarse un futuro en Estados Unidos puede ser una batalla ardua, pero siguen creyendo con todo su corazón que aquí es donde sus sueños pueden convertirse en realidad, incluso empezando desde cero.

En estas páginas, contaré las lecciones que la vida me enseñó, algunas de ellas a golpes, sobre la verdadera cara de Estados Unidos y cómo puedes abrirte camino en este país. Aquí encontrarás la verdad de sobre lo que realmente se necesita para avanzar en EE. UU., consejos sinceros y experiencias de vida para enfrentar los momentos más duros y seguir adelante con la frente en alto.

Esta guía es un espejo de la vida real, sencilla y directa, sin palabras rebuscadas ni conceptos complicados. Busca ser tu compañera en la comprensión de la vida en Estados Unidos, mostrándote cómo aprovechar cada oportunidad y cada reto para construir tu sueño.

Si tienes estas dispuesto a luchar y el espíritu ansioso por aprender cómo sobrevivir y salir adelante en Estados Unidos, este libro es para ti. Es tu faro en la oscuridad, tu mapa en este viaje hacia la realización de tu Sueño Americano, sin importar el tiempo que tome.

Llegué a Estados Unidos en 1988, apenas un joven de 13 años lleno de sueños y temores, pisando Washington D.C., la capital de esta gran nación. Este libro es mi historia, la historia de cómo, a pesar de los años de desafíos y pruebas, nunca perdí la esperanza y fui forjando un camino hacia la felicidad y el éxito.

Cuando pisé por primera vez la capital como un adolescente, el mundo parecía enorme y los desafíos insuperables. Pero nunca dejé de luchar. Y ahora, quiero compartir contigo, cómo fue que superé cada obstáculo, encontré la alegría y construí una vida plena en este país.

Ricardo O Villalba

I

¿Qué significa triunfar en la vida?

Bienvenido a los Estados Unidos de América. Ya sea que estés aquí o que planees venir, siempre serás "Bienvenido."

Los Estados Unidos es un país de inmigrantes, personas que desde un principio dejaron sus tierras en busca de nuevas oportunidades, persiguiendo un sueño de una vida mejor para ellos mismos, sus familias y amigos.

Todo viaje comienza con un destino, una meta. Si tu objetivo es vivir y trabajar en los Estados Unidos, este libro será tu guía, un manual que te explica lo esencial: las cosas importantes que debes saber para vivir bien y alcanzar el éxito. Triunfar puede tener distintos significados para cada persona. Para algunos, triunfar es conseguir el trabajo que siempre desearon; para otros, es tener una casa con piscina, un negocio propio o reunir a toda la familia y que estén bien. Para mí, el triunfo ha sido ver a mis hijos convertirse en adultos responsables, independientes, saludables y de buen corazón. Con el tiempo, he entendido que el triunfo no siempre se basa en lo material; el verdadero triunfo es aquello que te da felicidad, paz y orgullo al reflexionar sobre tus logros.

La vida, en cualquier lugar, no es fácil. Hay muchos retos, y aquí en los Estados Unidos, desde el momento en que llegas, empiezan las cuentas: gastos de comida, alquiler y la responsabilidad de ayudar a la familia que dejaste atrás y espera tu apoyo. Esta es la realidad de muchos inmigrantes. Incluso si llegas a casa de un familiar o un buen amigo, aquí las circunstancias cambian, y aunque al principio puedan darte una mano, tarde o temprano te pedirán que contribuyas a los gastos del hogar.

A muchos nos cuesta pedir ayuda, y en mi caso, no es la excepción. Soy un hombre orgulloso que, desde niño, tuvo que aprender a enfrentar la vida solo. Quizás eso me marcó profundamente, y algún día contaré mi historia en otro libro. Mi realidad fue que primero tuve que aprender a sobrevivir en los Estados Unidos, hasta que finalmente logré entender y navegar el sistema. Aunque sigo luchando por alcanzar muchos sueños, me siento muy orgulloso de los logros que he obtenido.

Mis triunfos no llegaron rápido ni fácilmente. No fue por falta de esfuerzo, sino porque había cosas que simplemente desconocía; nadie me explicó o me enseñó información que debía saber. Fueron situaciones difíciles las que me obligaron a aprender, aunque ese aprendizaje también me costó dinero y muchos años de esfuerzo y pérdida de tiempo.

En una clase de historia americana, el profesor, quien es afroamericano, nos comentó que este país fue diseñado por hombres blancos y ricos con el objetivo de proteger sus propios intereses. Este comentario se quedó grabado en mí, y hoy lo comparto con ustedes, porque creo que es algo que todo inmigrante debe aprender para navegar mejor el sistema estadounidense.

Esto significa que el sistema no está diseñado para favorecer al pobre, al ingenuo, al enfermo o al anciano; fue pensado para personas dispuestas a trabajar arduamente por un sueño o una meta. Este sistema beneficia a quienes están decididos, a quienes no temen al fracaso, ya que los fracasos son parte del camino hacia el éxito. Este país es para el emprendedor, para aquellos que luchan y quieren salir adelante. Este país es para todos y para alcanzar los sueños tienes que ser un persona con conocimientos.

Si esa persona eres tú, entonces este libro, esta guía, es para ti. Conozco muchas personas y se de sus historias de éxitos y fracasos que voy a estar compartiendo contigo.

Una de las primeras lecciones que quiero que entiendas es que si sabes leer, puedes lograr muchas cosas. Siempre he creído que leyendo se aprende. Cuando estudias en la universidad, te asignan lecturas, luego discuten el tema y finalmente te evalúan; muchos estudios universitarios están basados en la lectura y el análisis.

Casi siempre he hecho las cosas solo. Por ejemplo, registré

mis compañías por mi cuenta; busqué en el internet cómo se hace, estudié bien las instrucciones, investigué cada pregunta que tenía hasta entender completamente, y luego fui y registré mi empresa. Menciono esto porque es algo que tendrás que hacer con este libro: debes leer y, después de leerlo, hacer tus propias investigaciones.

Estás viviendo en el momento más accesible que existe para aprender; hay mucha información gratuita y disponible para educarte y prepararte. El segundo capítulo habla precisamente de eso: cómo usar la tecnología para múltiples propósitos, incluyendo el aprendizaje. Ahora tenemos acceso a información en la palma de la mano. Con el celular puedes hacer muchas cosas, y aprender a usar ese dispositivo es fundamental para alcanzar tus metas.

"Tu éxito depende de ti y de nadie más."

Todos tenemos un pasado; para algunos fue más favorable que para otros. He conocido personas de todo tipo, algunas que crecieron en la pobreza y otras en la riqueza, pero todos llevan consigo sus propios traumas o propias experiencias. Yo también fui víctima de mi pasado y, durante muchos años, culpé a mis padres, al destino e incluso llegué a cuestionar a Dios sobre por qué mi vida había sido tan difícil y, en tantas ocasiones, llena de sufrimiento.

Hoy, a mis 50 años, quiero vivir una vida plena y me doy cuenta de los muchos errores que he cometido. Esa es una de las principales razones por las que decidí escribir este libro. En mi camino hacia el éxito, tuve que aprender muchas cosas, cosas que no se enseñan en la escuela; son lecciones de vida que solo se adquieren al leer y profundizar en el conocimiento de la existencia. Sin embargo, algo fundamental fue aprender a perdonar, dejar atrás el pasado y vivir mi vida a mi manera.

Buscar mi felicidad, mi paz y mi éxito tuvo que ser una decisión propia. Casi todos venimos a este mundo con lo necesario para salir adelante. Algunos han tenido retos físicos o mentales, pero muchas de esas personas también han alcanzado el éxito a su manera.

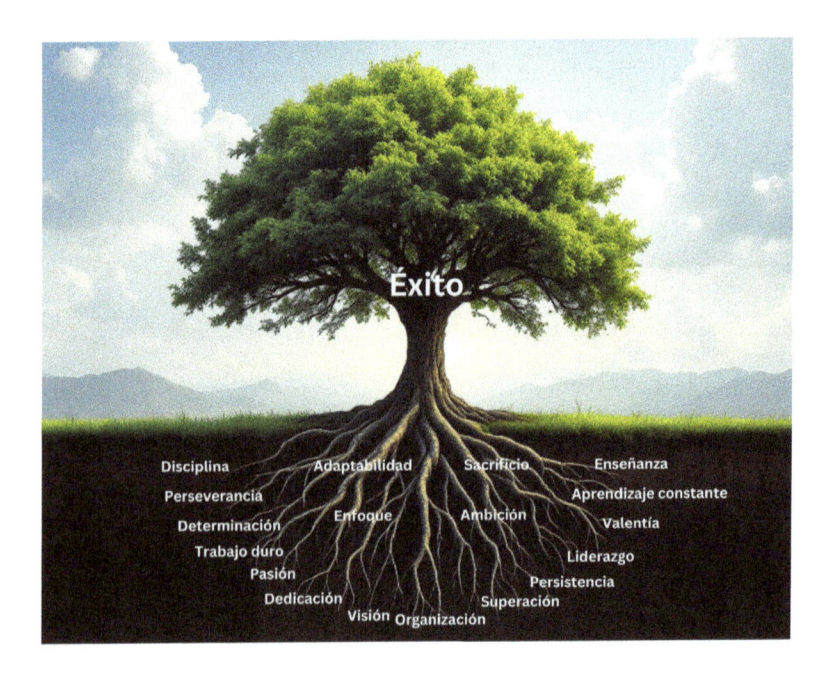

Hoy es tu día; es tu turno. Si estás en tierra americana, felicidades, eres una persona valiente que dejó su tierra, sus amigos, su familia e incluso su idioma para empezar de nuevo. Cualquiera que sea la situación que enfrentes, te aseguro que con el tiempo las cosas cambian, y con esta guía, mejorarán. Este país tiene muchos retos, pero también muchas oportunidades, y quiero que te prepares para aprovecharlas al máximo y lograr las metas que soñaste cuando decidiste imigrar a este país.

Soy una persona cristiana que cree en Dios. Creo profundamente en las enseñanzas de la Biblia, y mi fe en Dios siempre ha sido la roca en mi vida. Comparto esto con ustedes porque es una parte fundamental de quién soy. Espero no ser juzgado, pues ser cristiano y creer en Dios no significa que sea perfecto o que siempre tenga la razón; también cometo errores, incluso grandes errores, pero en mi corazón siempre busco dar lo mejor de mí.

Me gusta ayudar, enseñar y utilizar mis experiencias como lecciones de vida, tanto para mí como para aquellos que desean escucharme. A continuación, te presento algunos pasos sobre cómo tu éxito depende únicamente de ti, y, si compartes mi fe, espero que también pongas tus sueños en las manos de Dios.

1. **El poder de la decisión**: Tu pasado no define tu futuro; lo que sí lo define son las decisiones que tomas hoy. Decidir salir adelante, aprender algo nuevo o cambiar de mentalidad son elecciones que puedes hacer en cualquier momento. Ese es el primer paso para tomar control de tu éxito.

2. **Aprender de las experiencias**: Aunque el pasado haya sido difícil, esas experiencias pueden enseñarte lecciones valiosas. En lugar de verlas como limitaciones, puedes utilizarlas como una fuente de sabiduría que te impulse a

crecer. Aprender de lo que viviste fortalece tu carácter y te prepara para enfrentar el futuro con mayor seguridad.

3. **Tu actitud y mentalidad**: El éxito está directamente relacionado con cómo piensas y ves el mundo. Adoptar una mentalidad de crecimiento —creer que puedes mejorar y avanzar— es crucial. Si mantienes una actitud positiva y perseverante, estarás construyendo el camino hacia tu éxito sin dejar que el pasado te limite.

4. **Establecer metas claras**: Tener una visión clara de lo que quieres lograr te ayudará a enfocarte y avanzar. A veces, el pasado nos hace dudar de nuestras capacidades, pero establecer metas y trabajar hacia ellas todos los días te demuestra que tienes el control sobre tu propio destino.

5. **Acción constante**: Nada cambia hasta que decides actuar. El pasado puede influir, pero son tus acciones las que realmente construyen tu futuro. Tomar pasos pequeños y constantes hacia tus objetivos genera un impacto real y duradero, y refuerza que tu éxito depende de ti.

6. **Creer en ti mismo**: Finalmente, la confianza en ti mismo es esencial. Aunque el pasado pueda haberte hecho dudar, recuerda que eres capaz de cambiar tu vida. Cuando crees en tu potencial, tu éxito empieza a depender más de tu determinación y esfuerzo que de cualquier experiencia pasada.

Por último, quiero que entiendas que tu éxito depende únicamente de ti, y parte de ese camino es aprender a quererte a ti mismo. Amarte significa también cuidarte.

Uno de los errores más grandes que cometí fue descuidar

mi salud. En mi búsqueda del éxito, comía constantemente en la calle, no hacía ejercicio, no dormía bien y también solía salir mucho de fiesta. Llegué a tener un DUI (conducir bajo la influencia) por manejar borracho. Gracias a Dios, esos errores se convirtieron en lecciones valiosas que me enseñaron a tomar mejores decisiones, aunque el costo fue alto. Sin embargo, aunque aprendí a controlar mi consumo de alcohol, seguí descuidando mi cuerpo y mi salud. Una semana después de cumplir 50 años, fui diagnosticado con mieloma múltiple, un cáncer que, en mi opinión, fue resultado directo de no haberme cuidado.

Quizás tengas tus propias opiniones sobre esto, pero en mi corazón sé que desatendí mi cuerpo. Creía ser como Superman, que nada malo me iba a pasar. Pero me pasó, y aquí estoy, recuperándome y escribiendo este libro para ti. A pesar de todo, mis metas siguen siendo grandes, y planeo vivir muchos años más. Quiero ver crecer a todos mis hijos, quiero ser abuelo y jugar con mis nietos. Como te mencioné antes, deseo una vida plena, una vida que merezco, y quiero que tú también la tengas.

Creo firmemente que las personas felices no causan daño a los demás y que quienes viven en paz y tranquilidad no provocan guerras. Esa es parte del triunfo individual que todos deberíamos buscar.

Aquí te dejo algunos pasos que debes tener en cuenta. Todos estos son consejos saludables que te ayudarán en el camino hacia el éxito, y te felicito por haber tomado la decisión de leer este libro.

1. Cuida tu alimentación
- **Opta por alimentos naturales**: Incorpora frutas, verduras,

proteínas magras y granos enteros en tus comidas. Los alimentos naturales son más ricos en nutrientes y te ayudarán a mantener un nivel de energía constante.
- **Evita los ultraprocesados**: Reducir los azúcares añadidos, las frituras y los alimentos procesados te ayudará a sentirte mejor y a mantener una salud óptima.
- **Mantente hidratado**: Beber suficiente agua es fundamental para el funcionamiento de tu cuerpo y tu mente. Intenta beber entre 6-8 vasos de agua al día.

2. Haz ejercicio regularmente
- **Encuentra una actividad que disfrutes**: Ya sea caminar, bailar, hacer yoga o entrenar en el gimnasio, elige algo que te motive. Lo importante es mantener la constancia y que el ejercicio sea una parte natural de tu rutina.
- **Establece metas realistas**: Comienza con sesiones cortas e incrementa la intensidad y la duración poco a poco. Lograr tus objetivos te motivará a continuar.
- **Incluye variedad**: Mezcla ejercicios cardiovasculares (como correr o andar en bicicleta) con entrenamiento de fuerza (pesas o ejercicios con tu propio peso). Esto ayudará a que tu cuerpo esté equilibrado y fuerte.

3. Recibe vitamina D
- **Toma sol diariamente**: Intenta pasar al menos 10-15 minutos al aire libre cada día, idealmente en la mañana o al final de la tarde para evitar la radiación más fuerte. La vitamina D es esencial para la salud y para fortalecer tu sistema inmunológico.

- **Incorpora alimentos ricos en vitamina D**: Pescados como el salmón, la trucha y el atún, así como la leche y los huevos, también son fuentes de vitamina D.
- **Consulta con un profesional**: Si vives en un lugar con poca exposición al sol o si tienes niveles bajos, un médico podría recomendarte suplementos.

4. Practica el amor propio
   - **Acepta tus fortalezas y debilidades**: Reconoce y celebra tus logros y aprende a perdonarte por tus errores. El amor propio implica ser compasivo contigo mismo.
   - **Reserva tiempo para ti**: Dedica un momento cada día para hacer algo que te haga feliz y te relaje. Esto puede ser leer, escuchar música o practicar una actividad que disfrutes.
   - **Rodéate de personas positivas**: Construye relaciones con personas que te apoyen y te impulsen a crecer. El ambiente en el que te encuentras influye en tu bienestar y en tu amor propio.

5. Descansa y duerme bien
   - **Establece una rutina de sueño**: Intenta acostarte y levantarte a la misma hora todos los días para que tu cuerpo se habitúe y obtengas un descanso de calidad.
   - **Desconéctate antes de dormir**: Evita el uso de pantallas al menos una hora antes de acostarte para mejorar la calidad de tu sueño.
   - **Crea un ambiente tranquilo**: Un espacio oscuro, fresco y silencioso ayuda a que el descanso sea reparador y a que te sientas revitalizado para enfrentar el día.

Siguiendo estos pasos, estarás cuidando de tu salud física y mental, lo cual es esencial para alcanzar el éxito. Recuerda que el amor propio y la atención a tus necesidades son la base de una vida plena y saludable.

6. Cultiva tu salud mental y espiritual

- **Busca apoyo en una comunidad**: Unirte a una comunidad como una iglesia o grupo espiritual puede darte un sentido de pertenencia y apoyo emocional. Las conexiones genuinas con personas de ideas afines brindan un refugio y pueden aliviar el estrés.
- **Dedica tiempo a la oración o a la meditación**: La oración o la meditación pueden ayudarte a encontrar tranquilidad y a despejar la mente. Estos momentos de reflexión te permiten conectar con tu interior y, si así lo sientes, con un poder superior que te dará fuerza en los momentos difíciles.
- **Conecta con un propósito mayor**: Ya sea a través de la fe, la naturaleza o el servicio a los demás, buscar un propósito más grande en la vida da sentido a lo que haces y te impulsa a seguir adelante.
- **Practica la gratitud**: Reflexiona sobre las cosas buenas que tienes en la vida. Llevar un diario de gratitud es una excelente manera de recordar tus bendiciones y mantener una mentalidad positiva.

Cuidar de tu salud mental y espiritual es tan esencial como cuidar de tu cuerpo. Estas prácticas te ayudan a encontrar equilibrio, esperanza y una guía que ilumina tu camino hacia el éxito y la plenitud.

Una vez lei una frase que decia:
Para ser felices hay que elimar dos cosas, el temor de un mal futuro y el recuerdo de un mal pasado.
¡Que Dios los bendiga y guie!

2

La tecnología, una herramienta esencial para el éxito

Aprende a utilizar la tecnología para avanzar en este país - Foto de Canva 2024

La tecnología se ha convertido en una herramienta esencial para el éxito en la sociedad actual. En Estados Unidos, la tecnología es utilizada en todos los ámbitos de la vida, desde la educación y el trabajo hasta la comunicación y el entretenimiento. Por ello, los inmigrantes que buscan triunfar en este país deben aprender a usar la tecnología.

La tecnología está presente en todos los aspectos de nuestra vida, desde la comunicación hasta el entretenimiento. Muchos inmigrantes utilizan plataformas como WhatsApp, Facebook, Telegram, TikTok, Instagram, Snapchat y YouTube para mantenerse en contacto con sus seres queridos y disfrutar de su tiempo libre.

Sin embargo, la tecnología puede ser mucho más que una herramienta de comunicación y entretenimiento. También puede ser un recurso valioso para aprender y crecer. Por ello, es importante que todos aprendan a usar la tecnología para fines más productivos, cómo buscar información, gestionar sus correos electrónicos y utilizar aplicaciones útiles.

Los smartphones, una herramienta esencial

Los smartphones son una herramienta esencial. Estos dispositivos ofrecen una amplia gama de funciones que pueden ayudarte en adaptarte en este país, incluyendo:

- **Acceso a la información:** Los smartphones permiten acceder a información sobre el gobierno, la educación, el trabajo y la comunidad.
- **Comunicación:** Los smartphones facilitan la comunicación con amigos, familiares y otros miembros de la comunidad.
- **Educación:** Los smartphones pueden utilizarse para acceder

a recursos educativos, como cursos en línea y clases de idiomas.
- **Navegación:** Los smartphones pueden utilizarse para encontrar direcciones y rutas de transporte.
- **Traducción:** Los smartphones pueden utilizarse para traducir idiomas, lo cual puede ser útil para comunicarse con personas que no hablan el mismo idioma.

Además, los smartphones pueden utilizarse para realizar tareas bancarias, como verificar el saldo de una cuenta o realizar transferencias. También pueden utilizarse para enviar y recibir dinero a través de aplicaciones como Venmo, CashApp, Zelle y PayPal.

Pagar con tu
teléfono móvil

Si eres un inmigrante nuevo en Estados Unidos, es importante que aprendas a usar un smartphone. Aquí hay algunos consejos:

- Obtén un smartphone. Hay muchas opciones disponibles, desde dispositivos económicos hasta dispositivos de alta gama. Elige un smartphone que se ajuste a tu presupuesto y a tus necesidades.

- Aprende a usar las funciones básicas de tu smartphone. Hay muchos recursos disponibles para ayudarte a aprender a usar tu smartphone, como libros, tutoriales en línea y clases en la biblioteca pública.
- Prueba nuevas funciones. No te limites a usar las funciones básicas de tu smartphone. Explora las nuevas funciones que ofrece tu dispositivo.

Aprender a usar un smartphone puede ser una tarea desafiante, pero vale la pena el esfuerzo. Los smartphones pueden ayudarte a tener éxito en Estados Unidos.

Correo electrónico (email)

El correo electrónico es una herramienta esencial para la comunicación en el mundo actual. Se utiliza para enviar y recibir mensajes, compartir archivos, y conectarse con amigos, familiares y colegas.

Aquí hay algunos consejos:

1. Obtén una cuenta de correo electrónico. Hay muchas opciones disponibles, como Gmail, Outlook, Yahoo Mail y ProtonMail. Elige una que te guste y sea fácil de usar.
2. Descarga la aplicación de correo electrónico a tu dispositivo. Esto te permitirá acceder a tu correo electrónico desde cualquier lugar.
3. Aprende a usar la aplicación de correo electrónico. Muchos tienen tutoriales, tomate el tiempo para aprender como usarlos mirando o leyendo lo tutoriales.
4. Una vez que tengas una cuenta de correo electrónico y

hayas descargado la aplicación, puedes comenzar a usarla. Aquí hay algunos conceptos básicos que debes saber:

- Para enviar un correo electrónico, escribe una dirección de correo electrónico en el campo "Para". Luego, escribe tu mensaje en el campo "Asunto" y el cuerpo del mensaje.
- Para adjuntar un archivo, haz clic en el botón "Adjuntar" y selecciona el archivo que deseas adjuntar.
- Para responder a un correo electrónico, haz clic en el botón "Responder".
- Para reenviar un correo electrónico, haz clic en el botón "Reenviar".

Si tienes problemas para usar el correo electrónico, hay muchos recursos disponibles para ayudarte. Puedes buscar videos tutoriales en YouTube o consultar con un bibliotecario.

El correo electrónico es una herramienta esencial en Estados Unidos. Se utiliza para una variedad de propósitos, incluyendo:

- **Búsqueda de empleo:** El correo electrónico es una forma efectiva de enviar currículums y cartas de presentación a los empleadores.
- **Comunicación con las autoridades gubernamentales:** El correo electrónico es una forma segura y eficiente de comunicarse con las agencias gubernamentales, como el Servicio de Inmigración y Ciudadanía de los Estados Unidos (USCIS).

Cómo usar las plataformas de búsqueda

Las plataformas de búsqueda, como Google y Bing, son herramientas esenciales en Estados Unidos. Pueden utilizarse para encontrar información sobre el gobierno, la educación, el trabajo, la comunidad y mucho más.

Sin embargo, es importante saber cómo usar las plataformas de búsqueda de forma efectiva. Aquí hay algunos consejos:

- Aprende a hacer preguntas claras y concisas. Las plataformas de búsqueda no siempre entienden las preguntas abiertas o ambiguas.
- Utiliza palabras clave relevantes. Cuando busques información, utiliza palabras clave que sean relevantes para tu consulta.
- Lee detenidamente los resultados de la búsqueda. No te limites a mirar los primeros resultados. Lee varios resultados para obtener una perspectiva completa.
- Asegúrate de que los resultados sean de fuentes legítimas. No todas las fuentes de información son iguales. Asegúrate de que los resultados de la búsqueda sean de fuentes confiables.

Ejemplo:

Si estás buscando un restaurante mexicano cerca de ti, podrías hacer la siguiente búsqueda: "restaurante mexicano cerca de mí". Esta consulta proporcionará una lista de restaurantes mexicanos en tu área.

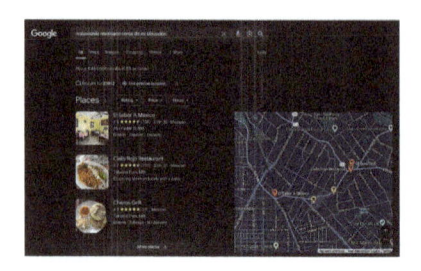

Las plataformas de búsqueda pueden ayudarte a encontrar la información que necesitas para tener éxito en este país.

La inteligencia artificial: una oportunidad para todos

La inteligencia artificial (IA) está transformando rápidamente el mundo en el que vivimos. Esta tecnología tiene el potencial de eliminar algunos trabajos, pero también puede crear nuevas oportunidades.

Para los inmigrantes, la IA puede ser una herramienta poderosa para aprender y adaptarse a la vida en Estados Unidos. Las plataformas de IA, como ChatGPT y Google Génesis, pueden utilizarse para:

- Aprender sobre el gobierno, la educación, el trabajo y la comunidad.
- Practicar el idioma inglés.
- Generar ideas creativas.
- Organizar el trabajo.

Si eres un nuevo inmigrante, te recomiendo que aprendas a usar las plataformas de IA. Estas plataformas pueden ayudarte a:

- Mejorar tus habilidades y conocimientos.
- Trabajar de forma más eficiente.
- Conectarte con otros inmigrantes y con la comunidad en general.

Por ejemplo:

En este libro, he utilizado las plataformas de IA para organizar mis ideas y para escribir el texto. Esto me ha permitido ahorrar tiempo y esfuerzo, y me ha ayudado a crear un producto de mayor calidad.

Conclusión:

En conclusión, aprender a utilizar la tecnología es vital hoy en día, especialmente para quienes viven en los Estados Unidos, donde el avance tecnológico es parte integral de la vida diaria. Desde saber aprovechar las funciones de un teléfono inteligente hasta adaptarse al rápido desarrollo de la inteligencia artificial, es fundamental adquirir estas habilidades para mantenerse competitivo y aprovechar las oportunidades que el país ofrece. La tecnología, y especialmente la IA, están transformando sectores como el trabajo, la educación, la salud y el entretenimiento, creando nuevas posibilidades y simplificando procesos. Quien aprenda a dominar estas herramientas no solo estará mejor preparado para enfrentar los desafíos del presente, sino también para prosperar en un futuro que se mueve a gran velocidad.

3

Primeros Pasos en Suelo Americano: Estableciéndose Legalmente

**Plantar raíces en
Estados Unidos**
MidJourney

Uno de los temas más polémicos en Estados Unidos es la cuestión de la documentación legal, y es crucial mencionar que muchos llegan cruzando fronteras y se encuentran aquí, como algunos dicen, "ilegalmente". Existen distintos tipos de inmigrantes: los que llegan con toda su documentación en regla, aquellos que vienen con una visa de turismo, de trabajo, o una visa comercial. Independientemente de cómo hayas entrado a Estados Unidos; es fundamental buscar la manera de obtener un número de Seguro Social lo más pronto posible. Si no puedes obtener un número de Seguro Social, entonces trata de conseguir un Número de Identificación Personal del Contribuyente (ITIN) de la Agencia de Impuestos (IRS). Conseguir un Número de Seguro Social o un Tax ID debe ser uno de tus primeros pasos si planeas quedarte en el país. Ese es mi consejo personal para ti.

Navegar los pasos iniciales para establecerse legalmente en

Estados Unidos puede ser un proceso más emocionante como complejo para los recién llegados. Aquí te presento una guía de algunas de las tareas y documentación esenciales que los inmigrantes deben considerar al iniciar su viaje en suelo americano.

Obtener un Número de Seguro Social (SSN)

Tarjerta de suguro social y la tarjeta de residencia Americana
Canva

El Número de Seguro Social es una pieza crítica de identificación en EE. UU. No solo es necesario para el empleo, sino también para acceder a servicios gubernamentales, abrir una cuenta bancaria y presentar impuestos.

¿Qué es el Seguro Social?

El Seguro Social es un programa de seguro federal que proporciona beneficios a trabajadores jubilados, personas con discapacidades y sobrevivientes de trabajadores fallecidos. Se financia con impuestos sobre la nómina pagados por los trabajadores y sus empleadores.

El Seguro Social proporciona una serie de beneficios, incluyendo:

Beneficios de jubilación: El Seguro Social proporciona un beneficio mensual a los trabajadores jubilados que han pagado impuestos de Seguro Social durante al menos 40 créditos (generalmente 10 años de trabajo). La cantidad del beneficio se basa en los ingresos promedio de por vida del trabajador.

Beneficios por discapacidad: El Seguro Social proporciona un beneficio mensual a los trabajadores que no pueden trabajar debido a una discapacidad que se espera dure al menos un año o resulte en muerte. La cantidad del beneficio se basa en los ingresos promedio del trabajador antes de la discapacidad.

Beneficios para sobrevivientes: El Seguro Social proporciona beneficios al cónyuge sobreviviente, los hijos y otros dependientes de los trabajadores fallecidos. La cantidad del beneficio se basa en los ingresos del trabajador fallecido y la edad y relación del sobreviviente.

El Seguro Social es una fuente importante de ingresos para millones de estadounidenses. En 2022, el Seguro Social proporcionó beneficios a más de 65 millones de personas, incluyendo a más de 45 millones de trabajadores jubilados y sus cónyuges, más de 8 millones de personas con discapacidades y más de 6 millones de sobrevivientes de trabajadores fallecidos.

El Seguro Social no solo es importante para las personas que reciben sus beneficios, sino también para la economía en su conjunto. Los beneficios del Seguro Social proporcionan una fuente estable de ingresos para los jubilados, personas con discapacidades y sobrevivientes, lo que ayuda a impulsar el gasto de los consumidores y apoyar el crecimiento económico.

Aquí hay algunos de los beneficios del Seguro Social:

Seguridad financiera: El Seguro Social proporciona un flujo garantizado de ingresos para los jubilados, personas con discapacidades y sobrevivientes. Esta seguridad financiera puede ayudar a reducir la pobreza y mejorar el bienestar general de estos individuos.

Crecimiento económico: Los beneficios del Seguro Social impulsan el gasto de los consumidores y apoyan el crecimiento económico. Cuando las personas tienen una fuente garantizada de ingresos, es más probable que gasten dinero en bienes y servicios, lo que ayuda a crear empleos y a hacer crecer la economía.

Tranquilidad: El Seguro Social proporciona tranquilidad para los trabajadores y sus familias. Los trabajadores saben que si se jubilan, se incapacitan o fallecen, sus familias estarán protegidas financieramente. Esta tranquilidad permite a los trabajadores concentrarse en sus empleos y sus familias, lo que puede conducir a un aumento en la productividad y el crecimiento económico.

El Seguro Social es un programa valioso que proporciona beneficios importantes para millones de estadounidenses. Es fundamental proteger y fortalecer el Seguro Social para que pueda continuar brindando estos beneficios a las futuras generaciones.

Cómo Obtener un SSN:

Los inmigrantes nuevos pueden solicitar un SSN junto con su solicitud de visa antes de entrar en EE. UU.

Si esto no se hizo antes de la llegada, se puede visitar una oficina local de la Administración del Seguro Social (SSA) con documentos de inmigración para aplicar en persona.

Licencia de Conducir o Identificación del Estado (ID)

Obten tu licencia de conducir
Canva

Una licencia de conducir es esencial para aquellos que deseen conducir un automóvil en EE. UU. También sirve como un documento de identificación ampliamente aceptado. Aquellos que no planean conducir aún pueden obtener una tarjeta de identificación emitida por el estado para fines de identificación.

Cuando llegué a este país en 1988, el proceso para obtener

una licencia de conducir era relativamente fácil. Pero tras los ataques terroristas del 11 de septiembre, la situación cambió drásticamente, volviéndose mucho más compleja. A pesar de estas dificultades, actualmente,

en muchos estados se permite a las personas sin estatus legal obtener una licencia de conducir o una identificación. Por ejemplo, aquí en Washington D.C., se permite a los individuos obtener una identificación o licencia de conducir tras demostrar que han vivido en el área por más de seis meses. Sin embargo, se solicitan bastantes documentos, como una factura de servicios públicos o el contrato de alquiler.

Es un camino lleno de desafíos, pero también de esperanza. La posibilidad de obtener una licencia de conducir o una identificación es un paso crucial para muchas personas en su viaje hacia una vida mejor. Significa poder moverse con libertad, trabajar y vivir con menos miedo y más seguridad.

El primer paso que debes dar es informarte bien. Investiga en internet cuáles son los requisitos específicos en el estado y ciudad donde vives. Cada lugar tiene sus propias normas y es fundamental entenderlas claramente para poder avanzar en el proceso.

Este camino, aunque lleno de obstáculos burocráticos, es también una ruta hacia una mayor integración y participación en la sociedad estadounidense. Cada documento que logras obtener no es solo un pedazo de papel; es una llave que abre nuevas puertas y posibilidades, es un símbolo de tu esfuerzo y perseverancia, y un paso más hacia el cumplimiento de tus sueños en esta tierra de oportunidades.

Cómo Obtener una Licencia de Conducir o una ID del Estado:

Visitar el Departamento de Vehículos Motorizados (DMV) en el estado donde resides. Proporcionar prueba de tu identidad, SSN y residencia.

Aprobar los exámenes requeridos (exámenes escritos y de carretera para una licencia de conducir).

Número de Identificación Personal del Contribuyente (ITIN)

Un Número de Identificación Personal del Contribuyente (ITIN) es un número de nueve dígitos emitido por el Servicio de Impuestos Internos (IRS) a individuos que requieren tener un número de procesamiento de impuestos en EE. UU. pero que no tienen, y no son elegibles para obtener, un Número de Seguro Social (SSN).

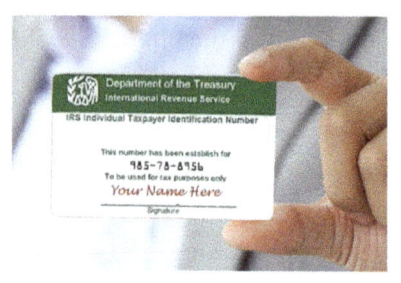

Número de Identificación del
Contribuyente Individual del IRS
Internet

Por Qué las Personas sin otras opciones de documentación deberían obtener un ITIN

Las personas sin otras opciones de documentación, como una tarjeta verde o permiso de trabajo, deberían obtener un ITIN por varias razones:

1. Para presentar una declaración de impuestos federales, incluso si no están obligados a pagar impuestos.
2. Para reclamar ciertos créditos y deducciones fiscales.
3. Para evitar penalizaciones por no presentar una declaración de impuestos o por no pagar impuestos.
4. Para abrir una cuenta bancaria u obtener una tarjeta de crédito.
5. Para solicitar una licencia de conducir u otra identificación emitida por el Estado.
6. Para inscribirse en ciertos programas gubernamentales locales. .
7. Para comprar una casa, un coche o alquilar un lugar para vivir.

Cómo Solicitar un ITIN

El IRS proporciona ITINs a individuos que cumplen con ciertos requisitos de elegibilidad. Para solicitar un ITIN, debes completar el Formulario W-7 y enviarlo al IRS junto con la documentación de respaldo, como un pasaporte o licencia de conducir extranjera.

Beneficios de Tener un ITIN

Aquí hay algunos de los beneficios de tener un ITIN:

- **Cumplir con las leyes fiscales de EE. UU.:** Al presentar una declaración de impuestos con un ITIN, puedes cumplir con las leyes fiscales de EE. UU. y evitar penalizaciones por no declarar o pagar impuestos.
- **Acceso a servicios esenciales:** Un ITIN puede ayudarte a acceder a servicios esenciales en Estados Unidos, como banca, atención médica y educación.
- **Estabilidad financiera:** Un ITIN puede ayudarte a construir tu estabilidad financiera al permitirte abrir una cuenta bancaria, obtener una tarjeta de crédito y comprar una casa o un coche.
- **Oportunidades de empleo:** Un ITIN puede hacerte más atractivo para los empleadores, ya que demuestra que estás dispuesto a cumplir con las leyes fiscales de EE. UU.
- **Oportunidades educativas:** Un ITIN puede ayudarte a acceder a oportunidades educativas, como becas y subvenciones.
- **Comprar una casa, un coche o alquilar un lugar para

vivir: Tener un ITIN puede facilitar la calificación para una hipoteca o préstamo para comprar una casa o un coche. También puede facilitar el alquiler de un lugar para vivir, ya que algunos propietarios pueden requerir que los inquilinos tengan un ITIN.

Conclusión:

Poseer un ITIN es un puente hacia la inclusión y la estabilidad en Estados Unidos. Es un reconocimiento de tu presencia y contribución en este país, y un paso esencial para establecer y fortalecer tus raíces en esta tierra de oportunidades. Con un ITIN, no solo cumples con tus responsabilidades fiscales, sino que también abres puertas a un futuro más seguro y próspero para ti y tu familia.

Conozco la historia de una familia que, estando todos aquí sin documentos, un día, camino a la iglesia, tomaron por error una salida que los llevó accidentalmente a la entrada de la NSA, la Agencia de Seguridad Nacional, una agencia federal del gobierno. Debido a esto, todos fueron detenidos y entregados a inmigración para ser deportados. Gracias a Dios, existen procesos legales a seguir y un juez es quien da la orden de deportaciones.

Esta familia se presentó frente al juez de inmigración, y el juez le preguntó al padre, cabeza del hogar, qué hacía de trabajo. El hombre respondió que era chofer de camiones de construcción.

Luego, el juez preguntó sobre sus hijos, quienes iban a la escuela y tenían buenas notas. Finalmente, le preguntó si pagaban impuestos, y efectivamente, el hombre respondió que sí. Al tener todos sus documentos en orden, el juez los miró y les dijo: "Ustedes son la clase de inmigrantes que queremos en América", y les otorgó la residencia a la familia completa.

Esta es una historia que no es común, pero es un ejemplo poderoso que refleja cuán importante es pagar tus impuestos y tener todos los documentos posibles que puedas obtener para vivir en este país.

Esta anécdota ilustra la importancia de la responsabilidad y el cumplimiento de las leyes en Estados Unidos. Aunque el camino para los inmigrantes sin documentos es incierto y a menudo lleno de miedo y ansiedad, esta historia nos muestra que la honestidad y el esfuerzo pueden ser reconocidos y recompensados.

La vida de esta familia cambió en un instante, pasando del temor de la deportación a la seguridad de la residencia legal. Esta transformación no solo les brindó un alivio inmenso, sino que también reforzó la creencia de que, a pesar de las dificultades, hay esperanza y posibilidades dentro del sistema legal estadounidense.

Y lo que parecía ser una tragedia terminó siendo una bendición. ¡Dios es grande!

1. Obtener la Tarjeta Verde (Tarjeta de Residencia Permanente)

La tarjeta verde otorga a los inmigrantes el derecho a vivir y trabajar permanentemente en EE. UU.

Cómo obtener una Tarjeta Verde:
Se puede obtener una tarjeta verde a través de la familia, el empleo, el estatus de refugiado o asilado, u otras disposiciones especiales.

El solicitante debe completar el proceso de solicitud, que incluye una petición, una entrevista y un examen médico. Siempre es recomendable trabajar con un abogado, ya sea en tu país de origen o aquí en Estados Unidos. Sin embargo, este libro está escrito para alguien que ya se encuentra aquí, por lo que mi suposición es que si estás intentando obtener una tarjeta verde, probablemente estés aquí bajo otras circunstancias.

Ciertamente, hay varias alternativas para obtener la residencia permanente en Estados Unidos, como la tarjeta verde. Estas son alternativas que te pueden ayudar con tu estatus migratorio mientras te buscas establecer.

A continuación, se presentan algunas de las opciones:

Visas de Estudiante: Los estudiantes internacionales pueden ingresar a EE. UU. para realizar estudios académicos en instituciones acreditadas. Estas visas, comúnmente conocidas como visas F-1, generalmente son válidas por la duración del programa educativo más un período opcional de práctica profesional posterior.

Visas de Empleo: Estas visas están diseñadas para personas que tienen la intención de trabajar en EE. UU. Hay varias clasificaciones dependiendo de la naturaleza del trabajo, como las visas H-1B para ocupaciones especializadas, H-2A para trabajos agrícolas temporales y L-1 para transferencias dentro de la misma empresa.

Asilo: Las personas que escapan de la persecución en su país de origen pueden buscar asilo en EE. UU., siempre que puedan demostrar un temor fundado de persecución basado en criterios específicos, como raza, religión o postura política.

Programas de Trabajadores Temporales: Bajo ciertas clasificaciones, como la visa H-2B, los trabajadores extranjeros pueden ocupar empleos no agrícolas de manera temporal en EE. UU. La visa J-1 atiende a visitantes de intercambio que participan en programas que promueven el intercambio cultural, especialmente para obtener capacitación médica o empresarial en EE. UU.

Estatus de Protección Temporal (TPS): Los nacionales de países designados que enfrentan conflictos armados en curso, desastres ambientales o condiciones extraordinarias y temporales son elegibles para el TPS, que les permite vivir y trabajar en EE. UU. por un tiempo.

Visas de Turista: La visa B-2 es para turismo, vacaciones o visitas a familiares y amigos en EE. UU., mientras que la visa B-1 es para individuos que participan en actividades comerciales de naturaleza comercial o profesional.

Visas de Inversionista: Los extranjeros que invierten sustancialmente en un negocio en EE. UU. pueden calificar para una visa de inversionista E-2, mientras que aquellos que invierten en nuevas empresas comerciales que crean empleos en EE. UU. pueden ser elegibles para una visa de inversionista EB-5.

Es esencial entender que cada camino hacia la inmigración tiene criterios y procedimientos de aplicación específicos. Los posibles solicitantes deben buscar orientación legal de un abogado de inmigración para evaluar su situación y decidir sobre la estrategia de inmigración más adecuada.

Navegar por las complejidades de la inmigración en Estados Unidos, especialmente cuando el estatus de uno es incierto, puede ser un viaje emocional y desgarrador. Para aquellos que han ingresado al país de manera ilegal o han excedido el tiempo de sus visas, el camino hacia la residencia legal a menudo está plagado de incertidumbre, miedo y esperanza.

Para muchos, la idea de solicitar un cambio de estatus representa un atisbo de esperanza en medio de las sombras de la incertidumbre. Es un faro de posibilidad que podría llevar a un futuro más brillante. Este proceso puede ser desalentador y lleno de complejidades legales, por lo que es crucial tener a un abogado dedicado a tu lado. Se convierten en algo más que asesores legales; se convierten en salvavidas, guiando a los individuos a través del laberíntico sistema de inmigración.

Casarse con un ciudadano estadounidense es otra vía, a menudo llena de amor, pero también con su propio conjunto único de desafíos. Es un compromiso profundo que puede ofrecer la oportunidad de un nuevo comienzo, una oportunidad de construir una vida juntos en la tierra de los sueños. Es un recordatorio de que el amor no conoce fronteras y puede superar los obstáculos de la inmigración.

El patrocinio laboral es otra salvación, donde los sueños de una vida mejor se cruzan con la promesa de oportunidades laborales. Se trata de aprovechar la oportunidad de aportar habilidades, talentos y trabajo duro al tejido de América, asegurando al mismo tiempo un estatus legal que permite a los individuos prosperar y proveer para sus familias.

Para aquellos menores de 21 años, y en algunos estados incluso menores de 18, la visa juvenil ofrece un rayo de esperanza. Es un recordatorio de que la juventud no debe verse empañada por las preocupaciones de inmigración, que los sueños juveniles deben ser nutridos, no sofocados.

La visa U, diseñada para víctimas de crimen, representa un acto de compasión en medio de las duras realidades de la vida. Es un reconocimiento de que aquellos que han sufrido no deben enfrentar la deportación, sino encontrar seguridad y consuelo dentro de las fronteras de Estados Unidos. Si usted ha sido asaltado o ha sido víctima de violencia doméstica esta puede ser una manera de obtener sus documentos legales.

Estas opciones son hilos de esperanza tejidos en el tejido de la incertidumbre. Simbolizan resiliencia, determinación y la incansable búsqueda del espíritu humano por una vida mejor. Pero también subrayan la importancia de buscar orientación, ya que el camino hacia la residencia legal está lleno de obstáculos, y sin la asistencia de un abogado con conocimientos, muchos podrían fracasar.

Convertirse en Ciudadano de EE. UU.: El Sueño Americano

Convertirse en ciudadano de EE. UU. no es solo un proceso legal; es un viaje profundamente emocional y transformador. Es un testimonio de los sueños, aspiraciones y esperanzas perdurables que los inmigrantes traen a esta gran nación. Profundicemos en los beneficios de convertirse en ciudadano de EE. UU. y por qué todo inmigrante debería considerar tomar este camino, especialmente para ejercer el invaluable derecho al voto.

En primer lugar, convertirse en ciudadano de EE. UU. te otorga un sentido de pertenencia y permanencia. Es el momento en que te conviertes en parte del tapiz americano, con todos los derechos y responsabilidades que conlleva. El peso emocional de esta transformación es inmensurable: es la sensación de finalmente encontrar un verdadero hogar.

Como ciudadano de EE. UU., obtienes acceso a una plétora de privilegios y beneficios que van más allá del mero estatus legal. Estos incluyen la capacidad de patrocinar a miembros de la familia para la inmigración, la elegibilidad para ciertos empleos federales y una protección más fuerte contra la deportación. Pero quizás el beneficio más preciado es el derecho al voto.

El Viaje del Inmigrante: Resiliencia Frente a la Adversidad

El camino hacia el estatus legal en Estados Unidos es desafiante, lleno de ansiedad e incertidumbre. Sin embargo, también es un testimonio del espíritu indomable de aquellos que buscan una vida mejor para sí mismos y sus familias.

La ingeniosidad y el consejo legal son esenciales para los inmigrantes que navegan este proceso complejo. Los inmigrantes a menudo deben superar obstáculos significativos, como barreras lingüísticas, diferencias culturales y limitaciones financieras. El asesoramiento legal puede proporcionar orientación y apoyo, asegurando que los inmigrantes estén conscientes de sus derechos y opciones.

Detrás de cada caso de inmigración hay una historia humana, llena de esperanza, resiliencia y la búsqueda de un futuro más brillante. Debemos recordar que los inmigrantes no son estadísticas sin rostro; son individuos con sueños y aspiraciones únicos.

4

Aprender Inglés: La Clave para Tener Más Oportunidades

Aprender inglés es esencial para los inmigrantes recién llegados que aspiran a triunfar en Estados Unidos. Este idioma representa la llave maestra del gobierno, la educación y el empleo. Dominar el inglés puede abrirles las puertas a obtener empleo, acceder a servicios esenciales y participar activamente en la sociedad estadounidense.

Existen numerosos lugares donde los inmigrantes recién llegados pueden aprender inglés sin costo o a bajo precio. Algunos de estos son:

Organizaciones sin fines de lucro locales: Muchas de estas organizaciones ofrecen clases de inglés para inmigrantes. Generalmente, estas clases son impartidas por voluntarios y son gratuitas o tienen un coste muy reducido.

Iglesias: Algunas iglesias también brindan clases de inglés para inmigrantes. Estas clases suelen ser gratuitas y están abiertas a todos, sin importar su afiliación religiosa.

Escuelas públicas: Ofrecen clases de inglés para estudiantes inmigrantes, generalmente gratuitas para aquellos menores de 18 años.

Colegios comunitarios: Estos colegios proporcionan clases de inglés para adultos. Suelen ser económicas y con horarios flexibles.

Recursos en línea: Existen también muchos recursos en línea para aprender inglés. Algunos son gratuitos, mientras que otros pueden tener un costo mínimo. Youtube tiene varios canales de clase de inglés gratis. Mi mejor consejo para ti es que busques en Google **"Clases de inglés cerca de mí"**, y comiences a llamar a los resultados que te muestre Google para averiguar sus requisitos y lo que ofrecen y tambien puedes solicitar recomendaciones a amigos, familiares y miembros de tu comunidad.

Consejos para aprender inglés como inmigrante recién llegado:

Establece metas realistas. No esperes hablar inglés con fluidez de inmediato. Proponte metas pequeñas y alcanzables, como aprender 10 palabras nuevas de vocabulario cada semana.

Encuentra un método de aprendizaje que te funcione.

Algunas personas aprenden mejor en clases, mientras que otras prefieren hacerlo de manera independiente. Hay muchas maneras de aprender inglés, así que busca un método que disfrutes y que se adapte a tu estilo.

Practica de forma regular. Cuanto más practiques hablar y escribir en inglés, mejor te volverás. Busca oportunidades diarias para practicar, aunque sea solo unos minutos.

No temas cometer errores. Todos los que aprenden un nuevo idioma cometen errores. No dejes que esto te desanime. Sigue practicando y con el tiempo mejorarás.

Aprender inglés puede ser desafiante, pero también es una experiencia sumamente gratificante. Al hacerlo, los inmigrantes recién llegados pueden desbloquear nuevas oportunidades y construir una vida mejor para ellos y sus familias.

Hace años, conocí a un joven chino con un impresionante dominio del inglés, a pesar de llevar poco más de dos años en EE. UU. Le pregunté cómo había aprendido tan rápidamente y con tan claro acento. Me contó que miraba las noticias constantemente e imitaba a los presentadores, usando a los locutores como su modelo para aprender inglés.

En resumen, adoptar el idioma inglés es crucial para el éxito en América. Pero recordemos que aprender inglés no significa abandonar nuestros idiomas nativos o presionar a nuestros seres queridos para que renuncien a sus lenguas maternas. Hablar inglés es una habilidad valiosa, pero ser bilingüe es, en verdad, un tesoro.

He experimentado personalmente los inmensos beneficios de ser bilingüe, ya que esto me abrió puertas a innumerables oportunidades laborales que de otro modo no habría tenido. Es un testimonio del poder de la diversidad lingüística, que nos permite conectar con una gama más amplia de personas y culturas.

Así que sí, aprendamos y dominemos el inglés para prosperar en esta nación diversa y dinámica. Pero también valoremos y preservemos nuestros idiomas nativos como parte de nuestra identidad y herencia. Transmitamos la riqueza de nuestros idiomas a la próxima generación, asegurando que ellos también puedan hablar el lenguaje de sus padres.

Ser bilingüe no solo significa que podemos navegar por diferentes culturas y mercados laborales; significa que podemos tender puentes, fomentar el entendimiento y celebrar el tapiz único de nuestra sociedad multicultural. Es un recordatorio de que en América, la diversidad no es una debilidad, sino una fortaleza, y nuestros idiomas son una parte integral de esa fortaleza.

Entonces, aprende inglés, pero también aférrate a tu idioma nativo con orgullo. Enseña a tus hijos la belleza del bilingüismo, pues al hacerlo, no solo estás preservando tu herencia – estás contribuyendo a una América más enriquecida e inclusiva donde el poder del lenguaje nos une más.

Enseñar a nuestros hijos a valorar y mantener ambos idiomas es dejarles un legado de incalculable valor. Es darles las llaves de dos mundos, permitiéndoles abrirse a un horizonte de oportunidades y experiencias. En una América donde la diversidad es celebrada, ser bilingüe es ser una parte vital y vibrante de su rica trama cultural.

Así que sí, dominemos el inglés, pero también celebremos y conservemos nuestros idiomas nativos con el mismo fervor. En ellos, no solo hablamos palabras; transmitimos historias, cultura y tradiciones. En ellos, se encuentra el corazón de nuestra identidad, una identidad que enriquece y embellece el mosaico de Estados Unidos.

Estudiante
Canva

5

La Búsqueda de Empleo: Resume, Entrevistas y Redes de Contactos

Buscar trabajo puede ser uno de los retos más difíciles en Estados Unidos, especialmente si no conoces las formas de hacerlo. Las compañías suelen publicar las posiciones disponibles en internet, en sitios como LinkedIn, Indeed y Craigslist. Personalmente, me encanta mucho Craigslist; es un sitio que ofrece muchas oportunidades de trabajo, incluso por un día. Si necesitas dinero inmediatamente, te recomiendo Craigslist. A veces, las personas publican anuncios buscando ayuda para mudanzas, reparaciones en casa, limpieza de patios de hojas y tareas similares, trabajos que solo toman un día o dos. Siempre debes tener la mente abierta y estar dispuesto a trabajar, pero también ten cuidado, ya que pueden ofrecerte trabajos peligrosos y terminar en el hospital por unos cuantos dólares no vale la pena.

Durante el invierno, cuando nevaba, yo solía ir con una pala a limpiar los patios de las casas y, gracias a Dios, siempre me fue bien. Me encantaba cuando nevaba mucho cuando era joven porque sabía que podía ganar dinero.

Cuando busques trabajo en internet o donde sea en Estados Unidos, lo más importante es tener un currículum (resume). Aquí tienes un ejemplo de cómo hacer un resume, también te doy consejos de cómo hacer una carta de presentación, pero lo que más puedo recomendarte es que, al aplicar a trabajos, trates de contactarte con los gerentes o dueños de negocios. Dale una llamada y cuéntales sobre ti, preséntate. Diles que acabas de aplicar por la posición en línea pero que querías saludar y preguntar sobre la posición. Otra cosa que recomiendo es ir en persona a buscar trabajo en restaurantes, tiendas, supermercados, talleres de automóviles y todos esos negocios donde te gustaría trabajar. Ve y pregunta, pide hablar con el dueño o el gerente. Siempre va a haber trabajo, y tu meta es que te lo den a ti.

Craigslist una pagina para buscar empleos
Internet

Resume/Currículums:

Tu currículum/resumen es tu retrato profesional. Debe ser conciso, no más de una o dos páginas, y estar adaptado al puesto al que postulas. Esto es lo que debe incluir:

Información de Contacto: Tu nombre completo, número de teléfono, dirección de correo electrónico y perfil de LinkedIn.

Objetivo o Resumen: Una breve declaración sobre tus objetivos profesionales y lo que ofreces al empleador.

Educación: Tus títulos, con el más reciente primero, incluyendo instituciones y fechas de graduación.

Experiencia Laboral: Tus trabajos, prácticas o voluntariado relacionado con el empleo al que postulas, listados en orden cronológico inverso.

Habilidades: Tanto habilidades técnicas (duras) como interpersonales (blandas) relevantes para el trabajo.

Certificaciones o Premios: Cualquier reconocimiento relevante que te distinga de otros candidatos.

Referencias: Aunque no siempre se incluyen en el currículum, es bueno tener una lista preparada a petición.

Ejemplo de un Resume:

Jose Doe (Asegurate que tu nombre esté en letras grandes)
123 Tu Calle, Ciudad, Estado, Código Postal | (123) 456-7890 | jane.doe@correo.com | LinkedIn: linkedin.com/in/janedoe

Objetivo: (OBJECTIVE)
Profesional dedicada y orientada a resultados en marketing buscando un puesto en la Empresa XYZ para aprovechar la amplia experiencia en publicidad digital y estrategia de marca.

Educación:(EDUCATION)
Licenciatura en Marketing, Universidad de Tu Estado, 2020
Título - Nombre de escuela - Ciudad y año de graduación
Grado Asociado en Administración de Empresas, Colegio Comunitario de la Ciudad, 2016

Experiencia Laboral: (WORK EXPERIENCE)
Coordinadora de Marketing en ABC Corp, Ciudad, Estado, 2020-Presente
(Título de posición) (Nombre de Compañía) (Lugar/Ciudad de la Compañía) (Tiempo que trabajó de que mes a que mes junto con el año)

Gestionó múltiples campañas publicitarias que resultaron en un aumento del 30% en la participación del cliente.

Coordinó con equipos de ventas para alinear estrategias de marketing con objetivos de ventas.

Becaria de Marketing en Agencia DEF, Ciudad, Estado, 2018-2020

Ayudó en el desarrollo e implementación de estrategias de redes sociales.

Realizó investigaciones de mercado que influyeron en la dirección de las campañas.

Habilidades: SKILLS

Competente en Google Analytics y AdWords

Sólido entendimiento de SEO y marketing de contenido

Excelentes habilidades de comunicación y trabajo en equipo

Certificaciones: **(CERTIFICATES)**

Profesional Certificado en Marketing Digital (CDMP), 2021

Referencias disponibles a petición.

Consejo para redactar un Resumen

Crear un resumen puede ser una tarea desalentadora, pero afortunadamente, la tecnología moderna y la inteligencia artificial la han facilitado mucho. Aquí tienes algunos consejos para elaborar un currículum efectivo:

- **Utiliza la Revisión Ortográfica:** Siempre pasa tu currículum por una herramienta de corrección ortográfica para detectar errores.
- **Investiga en Línea:** Busca ejemplos de currículums en línea para inspirarte. Compara tus experiencias y descripciones laborales con las que encuentres, para que puedas presentar tu historial de manera detallada y atractiva.
- **Enfatiza tu Nombre:** Asegúrate de que tu nombre completo, incluyendo tu segundo nombre, esté destacado en la parte superior de tu currículum con una fuente grande.
- **Adapta tu Currículum:** Cuando postules a un trabajo específico, lee detenidamente la descripción del puesto. Personaliza tu currículum para que coincida con los requisitos del puesto, resaltando tus experiencias más relevantes.
- **Escribe una Carta de Presentación:** No olvides incluir una carta de presentación con tu currículum. Esta debe explicar por qué eres el mejor candidato para el trabajo y cómo tus habilidades y experiencias se alinean con las necesidades de la empresa.

Siguiendo estos consejos, te aseguramos de que tu currículum destaque para los empleadores potenciales y muestre tus cualificaciones de manera efectiva.

Ejemplo de Carta de Presentación para un Especialista en Marketing Digital

[Tu Nombre] [Tu Dirección]
[Ciudad, Estado, Código Postal] [Tu Número de Teléfono]
[Tu Dirección de Correo Electrónico] [Fecha]

[Nombre del Empleador] [Dirección de la Empresa] [Ciudad, Estado, Código Postal]

Estimado/a [Nombre del Empleador],

Me pongo en contacto para expresar mi gran interés en el puesto de Especialista en Marketing Digital en Washington Digital Media, una posición que conocí a través de **[fuente de la publicación del empleo].** Mi amplia experiencia en la coordinación de campañas digitales y mi pasión por impulsar el compromiso de la marca me posicionan como un candidato ideal para contribuir a su equipo innovador.

En **[Empresa Anterior]**, lideré una iniciativa digital que resultó en un aumento del 30% en las interacciones en línea y un aumento sustancial en los prospectos calificados. Mi experiencia abarca SEO, PPC, marketing en redes sociales y el uso de analíticas para refinar y fortalecer las estrategias de marketing. También tengo un amplio conocimiento en Google Analytics y Ads, lo que refleja mi dedicación a mantenerme al día con los conocimientos de la industria.

La reputación de Washington Digital Media por remodelar el panorama digital con narrativas atractivas y resultados basados en evidencias se alinea directamente con mi enfoque profesional. Estoy ansioso por ofrecer mi creatividad y visión estratégica para aumentar aún más el impacto de su empresa en el éxito digital de los clientes.

Adjunto encontrará mi currículum para su revisión. Estoy entusiasmado por la oportunidad de discutir cómo mi experiencia, habilidades y entusiasmo se alinean con los objetivos de Washington Digital Media. Apreciaría la oportunidad de programar una reunión o llamada telefónica lo antes posible para discutir más a fondo cómo puedo contribuir a su equipo.

Gracias por considerar mi solicitud. Espero poder conectar con usted pronto para explorar las posibilidades.

Atentamente, [Tu Nombre]

Nota: Reemplaza los marcadores de posición como [Tu Nombre], [Nombre del Empleador] y [fuente de la publicación del empleo] con la información real.

Elementos Clave para Esta Carta de Presentación:

Prontitud: La carta revisada comunica el deseo de un seguimiento rápido, reflejando el entusiasmo y la disposición del candidato para el puesto.

Llamado a la Acción: Incluye una solicitud directa para una reunión o llamada telefónica, agregando urgencia y mostrando iniciativa.

Profesionalismo: El tono sigue siendo profesional al tiempo que es asertivo sobre los próximos pasos.

Personalización: Debe estar adaptada al destinatario individual y a la empresa específica, demostrando interés y esfuerzo genuinos.

Entrevistas:

Cómo Vestirse:

Para hombres: Un traje y corbata son estándar. Elige colores neutros y evita accesorios llamativos.

Para mujeres: Un traje de pantalón, traje con falda o vestido profesional. Mantén la joyería y el maquillaje conservadores.

Cómo Prepararse:

Investiga la empresa y entiende su misión y valores. Práctica respuestas a preguntas comunes de entrevistas. Prepara preguntas para hacer al entrevistador.

Revisa tu currículum y prepárate para discutir cualquier aspecto del mismo.

Planifica tu viaje al lugar de la entrevista, con el objetivo de llegar 10-15 minutos antes.

Eventos de networking que debes asistir si estás buscando trabajo.

- Ferias de empleo específicas para tu industria.
- Conferencias de asociaciones profesionales.
- Eventos de networking en LinkedIn u otras plataformas en línea.
- Reuniones de la cámara de comercio local.

Consejos para el Networking:

Siempre tengo tarjetas de presentación a mano.

Desarrolla un "discurso de ascensor" conciso sobre quién eres y qué estás buscando.

Haz seguimiento con nuevos contactos con una invitación en LinkedIn o un correo electrónico de agradecimiento.

Voluntariado para roles de liderazgo en organizaciones profesionales para aumentar tu visibilidad.

Siguiendo estas pautas, preparándote meticulosamente y haciendo networking de manera estratégica, aumentarás en gran medida tus posibilidades de conseguir no solo un trabajo, sino una posición que se alinee con tus pasiones y objetivos profesionales.

Qué Preguntar en una Entrevista de Trabajo Sobre Beneficios Laborales

Cuando asistes a una entrevista de trabajo, no solo es importante mostrar tus habilidades y experiencia, sino también asegurarte de que el empleo cumpla con tus necesidades y expectativas. Uno de los temas más importantes a discutir son los **beneficios laborales** que la empresa ofrece. Estos beneficios pueden marcar una gran diferencia en tu calidad de vida y en tu estabilidad financiera a largo plazo.

A continuación, te explico los principales beneficios que

debes conocer y cómo puedes preguntar sobre ellos durante una entrevista de trabajo:

1. Seguro de salud (Health Insurance)

El seguro de salud es uno de los beneficios más importantes, especialmente en Estados Unidos, donde los costos médicos pueden ser elevados.

- **Pregunta:** *¿La empresa ofrece seguro de salud para empleados?*
- **Detalles a solicitar:**
    - ¿El seguro cubre solo al empleado o también a la familia?
    - ¿Qué incluye el plan de salud? (Consultas médicas, hospitalizaciones, medicamentos, especialistas, etc.)
    - ¿Cuánto se deduce del salario para este seguro?

2. Planes de retiro: 401(k)

Un plan de retiro como el 401(k) te permite ahorrar dinero para tu jubilación, a menudo con aportes adicionales de la empresa.

- **Pregunta:** *¿La empresa ofrece un plan de retiro, como un 401(k)?*
- **Detalles a solicitar:**
    - ¿La empresa iguala o contribuye a tus aportes al 401(k)?
    - ¿Cuál es el porcentaje máximo que aportan?
    - ¿Cuáles son los requisitos para acceder a este beneficio?

3. Vacaciones pagadas

Tener tiempo para descansar es crucial para mantener un buen equilibrio entre el trabajo y la vida personal.

- **Pregunta:** *¿Cuántos días de vacaciones pagadas ofrece la empresa al año?*
- **Detalles a solicitar:**
    - ¿Cómo se acumulan los días de vacaciones?
    - ¿Se pueden transferir los días no utilizados al siguiente año?

4. Días por enfermedad (Sick Days)

Los días por enfermedad son importantes para cuidar tu salud sin perder ingresos.

- **Pregunta:** *¿La empresa ofrece días pagados por enfermedad?*
- **Detalles a solicitar:**
    - ¿Cuántos días se ofrecen al año?
    - ¿Se requiere algún comprobante médico?

5. Licencia por maternidad/paternidad

Si tienes planes de formar o expandir una familia, es fundamental conocer las políticas de licencia parental.

- **Pregunta:** *¿Ofrecen licencia de maternidad o paternidad?*
- **Detalles a solicitar:**
    - ¿Cuántas semanas son pagadas y cuántas no?
    - ¿Es posible extender la licencia si es necesario?

6. Otros beneficios adicionales

Además de los beneficios principales, muchas empresas ofrecen otros incentivos como:

- **Seguro dental y de visión**
- **Bonos anuales o por desempeño**
- **Capacitación y reembolso de estudios**
- **Teletrabajo o días de trabajo flexible**
- **Pregunta:** *¿Qué otros beneficios ofrece la empresa a sus empleados?*

Cómo Preguntar de Manera Profesional

Al momento de preguntar por estos beneficios, es importante hacerlo con tacto y en el momento adecuado. Aquí algunos consejos:

1. **Espera el momento adecuado:** Generalmente, es mejor preguntar sobre beneficios cuando la entrevista está cerca de concluir o cuando te ofrecen el puesto.
2. **Sé directo, pero educado:** Por ejemplo: *"Me gustaría saber más sobre los beneficios que ofrece la empresa, como el seguro médico o las vacaciones pagadas."*
3. **Prioriza tus necesidades:** Si el seguro de salud es clave para ti, asegúrate de enfocarte en eso primero.

Importancia de Perseguir la Pasión y los Objetivos de Carrera: La realización personal conduce a una mayor satisfacción laboral. Ser apasionado por tu trabajo aumenta la resiliencia y la persistencia.

Establecer objetivos claros de carrera da dirección a tu búsqueda de empleo y esfuerzos de desarrollo profesional.

Mantenerse fiel a tus sueños y ambiciones profesionales es esencial, incluso si el camino aún no está claro. Busca siempre maneras de formar parte en el campo de tu elección. No permitas que el rechazo te desanime. Recuerda, ya has dado un gran salto al venir a América, un lugar reconocido por sus posibilidades. Este país celebra a quienes se esfuerzan y perseveran. Si tu aspiración es ser médico, podrías empezar trabajando como salvavidas o estudiando flebotomía. Elige caminos que progresivamente te acerquen a tu gran aspiración. Recuerda, tu viaje hacia el éxito siempre debe incluir alegría y satisfacción como componentes clave, entrelazándose con tus metas profesionales.

Hace años, alrededor del 2003, conocí a dos argentinos, eran mellizos y llegaron con grandes sueños, pero pronto descubrieron que la vida no era fácil en Estados Unidos, y especialmente en Nueva York. Salían a buscar trabajo todos los días sin éxito. Vinieron a mí en busca de consejo. Les pregunté qué les gustaba y ambos respondieron que amaban a los animales. Eso era algo positivo, porque en la ciudad de Nueva York muchas personas tienen animales y aman a sus mascotas, a veces necesitan ayuda para cuidarlas y también contratan a personas para pasear a sus perros.

Tras hablar sobre el tema, decidieron que querían pasear perros. Para promocionar su compañía, se compraron dos disfraces de perro bastante simpáticos y salieron a repartir su información por el área donde querían trabajar. Pero lo curioso fue que a la gente le pareció tan gracioso que lo que realmente querían era sacarse fotos con ellos. En aquel entonces, los celulares recién empezaban a tomar fotos. Así, comenzando a tomarse fotos con las personas, empezaron a recibir propinas.

Decidieron ir a Times Square, donde se tomaban fotos con los turistas y recibían propinas. Al final, en vez de pasear perros, terminan enfocándose en usar sus disfraces para tomarse fotos. Así lograron hacer dinero y, con el tiempo, regresaron a su país. No supe más de ellos, pero creo que les fue bien.

Time Square
MidJourney

Esta historia muestra cómo, a veces, la clave del éxito no solo está en seguir un plan establecido, sino en ser creativo y adaptarse a las oportunidades que surgen. Estos mellizos argentinos encontraron una forma única de aprovechar sus habilidades y pasiones, adaptándose a un nuevo entorno y convirtiendo un desafío en una oportunidad. Su experiencia es un ejemplo de resiliencia, ingenio y la capacidad de encontrar alegría y éxito incluso en los momentos más difíciles.

6

Educación y Mejora de Habilidades: Invertir en Tu Futuro

Para los inmigrantes, América abre un panorama de oportunidades educativas, clave para desbloquear un futuro más brillante. EE. UU. ofrece educación gratuita hasta el 12º grado, permitiendo a todos la oportunidad de recibir una educación fundamental sin la carga del costo. Más allá de la escuela secundaria, los colegios comunitarios presentan una ruta rentable hacia la educación superior, ofreciendo a menudo matrícula gratuita a los estudiantes que mantienen un registro académico sólido.

En América, la educación no se trata solo de colegios tradicionales. Abundan las escuelas técnicas, proporcionando capacitación práctica y directa en diversos oficios y vocaciones. Estas instituciones son fundamentales para aquellos que buscan adquirir rápidamente habilidades especializadas que están en alta demanda en el mercado laboral.

Además, casi todas las ciudades cuentan con una biblioteca pública, un tesoro de conocimiento con acceso gratuito a libros, recursos y, a menudo, cursos educativos en línea. Las bibliotecas sirven como centros comunitarios para el aprendizaje y el crecimiento, ofreciendo programas educativos, asistencia con habilidades de alfabetización y lenguaje, y a veces incluso acceso gratuito a computadoras e internet.

El mensaje para los inmigrantes es claro: no te desanimes de aprender nuevas habilidades o de avanzar en tu educación.

Ya sea mejorando la competencia lingüística, obteniendo un título o adquiriendo una nueva habilidad técnica, los recursos disponibles pueden allanar el camino para el avance personal y profesional. En un país que valora la educación, tomar la iniciativa de aprender y crecer puede ser una de las inversiones más estratégicas en tu futuro.

Inscripción de Niños en la Escuela

Si tienes hijos aquí, te ofrezco consejos sobre cómo inscribir a tu hijo en la escuela. Esta información es básica y los requisitos pueden variar en cada estado o ciudad.

Datos sobre la inscripción de niños en la escuela pública en América:

- Las escuelas públicas en Estados Unidos son gratuitas para todos los niños, independientemente de su estado migratorio.
- Los niños son elegibles para inscribirse en la escuela pública si viven en el distrito escolar y tienen entre 5 y 18 años.
- Para inscribir a un niño en la escuela pública, los padres o tutores deberán proporcionar la siguiente documentación:
- Prueba de residencia, como una factura de servicios públicos o un contrato de arrendamiento.
- Prueba de la edad del niño, como un certificado de nacimiento o pasaporte.
- Registros de vacunación.
- Algunos distritos escolares también pueden requerir

documentación adicional, como una evaluación de salud o una copia de los registros escolares anteriores del niño.

¿Requiere estatus legal la inscripción de niños en la escuela pública?

No, inscribir a los niños en la escuela pública no requiere estatus legal. Todos los niños que viven en Estados Unidos tienen derecho a una educación pública gratuita, independientemente de su estatus migratorio.

Cómo pueden los estudiantes inmigrantes encontrar mejores escuelas

Hay algunas cosas que los inmigrantes pueden hacer para encontrar mejores escuelas para sus hijos:

- Mirar las calificaciones y reseñas de las escuelas. Hay varios sitios web que publican calificaciones y reseñas de escuelas, como GreatSchools.org y Niche.com.
- Visitar las escuelas en persona. Esta es la mejor manera de obtener una idea del clima y la cultura de la escuela.
- Hablar con otros padres y estudiantes. Obtener sus recomendaciones sobre escuelas en tu área.
- Considerar las escuelas charter. Las escuelas charter son escuelas públicas que operan de manera independiente del distrito escolar. A menudo tienen currículos y métodos de enseñanza diferentes a las escuelas públicas tradicionales.

Consejos para padres inmigrantes

- No tengas miedo de pedir ayuda. Si necesitas ayuda para inscribir a tu hijo en la escuela o encontrar una mejor escuela, hay varias organizaciones que pueden ayudarte.
- Involúcrate en la educación de tu hijo. Asiste a las conferencias de padres y maestros y haz voluntariado en la escuela de tu hijo.
- Aboga por tu hijo. Si tu hijo tiene dificultades en la escuela, o si tienes alguna preocupación sobre su educación, no temas hablar.

Aquí hay algunos consejos adicionales para padres inmigrantes que están inscribiendo a sus hijos en la escuela pública:

- Prepárate para traducir documentos. Algunas escuelas pueden no tener personal que pueda traducir documentos de tu idioma nativo. Si este es el caso, es posible que necesites traducir los documentos tú mismo o contratar a un traductor.
- Ten paciencia. El proceso de inscripción puede ser confuso y llevar tiempo, especialmente si no estás familiarizado con el sistema escolar estadounidense. Ten paciencia y no tengas miedo de pedir ayuda.
- Sé persistente. Si tienes dificultades para inscribir a tu hijo en la escuela, no te rindas. Sigue contactando al distrito escolar y pidiendo ayuda hasta que tu hijo esté inscrito.

Inscribir a tu hijo en la escuela pública es un paso importante para los padres inmigrantes. Siguiendo los consejos anteriores, puedes asegurarte de que tu hijo tenga el mejor comienzo posible en su educación.

Educación para Adultos
Datos sobre la educación para adultos en América

La educación para adultos en América es un sistema de educación que brinda a los adultos la oportunidad de aprender nuevas habilidades y conocimientos. Los programas de educación para adultos se pueden encontrar en una variedad de entornos, incluyendo colegios comunitarios, escuelas de oficios y organizaciones sin fines de lucro.

Hay muchos tipos diferentes de programas de educación para adultos disponibles, incluyendo:

- Programas de habilidades básicas: Estos programas enseñan a los adultos las habilidades básicas que necesitan para tener éxito en el lugar de trabajo y en la vida, como lectura, escritura y matemáticas.
- Programas de idioma inglés: Estos programas enseñan a los adultos inglés como segundo idioma (ESL).
- Programas de formación profesional: Estos programas enseñan a los adultos las habilidades necesarias para obtener empleos en campos específicos, como la salud, la construcción y la manufactura.
- Programas de preparación para el GED: Estos programas ayudan a los adultos a prepararse para el examen de Desarrollo Educativo General (GED), que es un diploma equivalente a la secundaria.

Oportunidades disponibles con escuelas de oficios de técnica.

- Las escuelas de oficios ofrecen una variedad de programas que pueden prepararte para una carrera gratificante en un campo de oficios. Algunas de las mejores escuelas de oficios en Estados Unidos incluyen:
- UTI: Universal Technical Institute es un proveedor líder de formación técnica para estudiantes que desean seguir carreras en las industrias automotriz, diesel y de motocicletas.
- WyoTech: Wyoming Technical Institute ofrece formación en una variedad de campos de oficios, incluyendo automotriz, diesel, aviación y reparación de colisiones.
- NTI: National Technical Institute es un colegio técnico privado y sin fines de lucro que ofrece formación en una variedad de campos de oficios, incluyendo automotriz, diesel y HVAC.
- ITT Technical Institute: ITT Technical Institute es un colegio técnico privado y con fines de lucro que ofrece formación en una variedad de campos de oficios, incluyendo automotriz, redes informáticas y justicia criminal.
- Lincoln Tech: Lincoln Technical Institute es un colegio técnico privado y con fines de lucro que ofrece formación en una variedad de campos de oficios, incluyendo automotriz, aviación y diesel.

Beneficios de Asistir a una Escuela de Oficios o técnica.

Hay muchos beneficios al asistir a una escuela de oficios, incluyendo:

Aprendizaje práctico: Las escuelas de oficios se centran en el aprendizaje práctico, lo que puede ayudarte a desarrollar las habilidades que necesitas para tener éxito en tu oficio elegido.

Asistencia para la colocación laboral: Muchas escuelas de oficios ofrecen asistencia para la colocación laboral a sus graduados, lo que puede ayudarte a encontrar un trabajo después de graduarte.

Programas relativamente cortos: Los programas de escuela de oficios suelen durar de uno a dos años, lo que significa que puedes comenzar a trabajar más pronto de lo que lo harías si persiguieras un título universitario de cuatro años.

Salarios altos: Los trabajadores de oficios pueden ganar salarios muy competitivos. Según la Oficina de Estadísticas Laborales, el salario anual medio para todos los trabajadores de oficios fue de $56,290 en mayo de 2021.

Conclusión

La educación para adultos es una excelente manera para que los adultos aprendan nuevas habilidades y conocimientos, y las escuelas de oficios ofrecen una variedad de programas que pueden prepararte para una carrera gratificante. Si estás considerando asistir a una escuela de oficios, te animo a investigar tus opciones y elegir una escuela que tenga buena reputación y ofrezca un programa adecuado para ti.

Universidades y Colegios en Estados Unidos

En Estados Unidos, hay más de 5,300 universidades y colegios, incluyendo instituciones públicas y privadas. Estas instituciones ofrecen una amplia gama de programas académicos y títulos, desde certificados de pregrado hasta doctorados.

Para inscribirse en una universidad o colegio en Estados Unidos, los estudiantes generalmente necesitan presentar los siguientes materiales de solicitud:

Un formulario de solicitud completado Expedientes académicos de la escuela secundaria

Puntajes de exámenes estandarizados, como el SAT o ACT Cartas de recomendación

Una declaración personal

Algunas universidades y colegios también pueden requerir materiales adicionales, como una entrevista o un portafolio de trabajos.

Aspectos principales que debes saber sobre la inscripción en la universidad.

Aquí hay algunas cosas principales que debes saber sobre la inscripción en la universidad en Estados Unidos:

Costó: La universidad puede ser costosa, pero hay formas de hacerla más asequible. La ayuda financiera, como becas y apoyo financiero del gobierno, puede ayudar a los estudiantes a pagar la universidad.

Académicos: La universidad es un entorno académico desafiante. Los estudiantes deben estar preparados para trabajar duro y gestionar su tiempo eficazmente desde la escuela secundaria el estudiante se debe preparar y enfocarse en obtener buenas notas para tener más oportunidades de ganar becas.

Vida en el campus: La universidad es más que solo académicos. Los estudiantes tienen la oportunidad de vivir en la universidad y participar en actividades extracurriculares, conocer gente nueva y aprender sobre sí mismos.

Preparación para la carrera: La universidad puede ayudar a los estudiantes a prepararse para sus carreras. Muchas universidades y colegios ofrecen asesoramiento profesional y apoyo para encontrar trabajo o hacer pasantías.

Cómo elegir una universidad o colegio

Al elegir una universidad o colegio, es importante considerar varios factores, como: Ubicación: ¿Dónde quieres vivir y estudiar?

Costo: ¿Cuánto puedes permitirte pagar por la universidad?

Académicos: ¿Qué programas o carrera deseas estudiar?

Vida en el campus: ¿Qué tipo de ambiente universitario buscas?

Preparación para la carrera: ¿Qué tipo de apoyo profesional ofrece la universidad o colegio?

También es importante visitar las universidades y colegios en persona para tener una idea de la vida universitaria. Habla con estudiantes y profesores actuales para obtener sus perspectivas sobre la Universidad.

Conclusión

Inscribirse en la universidad es una decisión importante, pero puede ser una experiencia gratificante. Debes investigar mucho antes de elegir la institución educativa adecuada para ti, esto será muy importante para lograr el éxito que buscas en tu carrera y tu vida.

Financiando tu educación

Existen diversas maneras de financiar su educación, incluyendo ayuda financiera, préstamos para estudiantes, becas y asistencia financiera para capacitación por medio del trabajo.

Ayuda financiera

La ayuda financiera es un salvavidas que abre el camino a innumerables sueños de educación superior en los Estados Unidos. Es la mano amiga que garantiza que la búsqueda de conocimiento no se vea limitada por barreras financieras. Dentro del ámbito de la ayuda financiera, existen dos pilares principales: becas y préstamos.

Las becas son como rayos de esperanza, otorgados a los estudiantes la oportunidad de estudiar si no tienen los recursos para pagar sus estudios. A menudo se otorgan en función de la necesidad económica, el mérito académico u otros factores que califican, y son una bendición para los que buscan la excelencia.

Los préstamos, por otro lado, son vías hacia la educación que conllevan la responsabilidad de reembolsar, a menudo con intereses, una vez que los

Los estudiantes se gradúan. Aquí, hay dos categorías distintas: préstamos federales, que ofrecen tasas de interés más bajas y opciones de pago flexibles, y préstamos privados, que son menos indulgentes.

Para embarcarse en este viaje de ayuda financiera, los estudiantes deben navegar por la Solicitud Gratuita de Ayuda Federal para Estudiantes (FAFSA). Esta forma fundamental recopila información vital sobre la situación financiera de un estudiante y su familia, actuando como puerta de entrada a los programas de ayuda financiera federal.

Pero el camino hacia la ayuda financiera no es solitario; está pavimentado con el apoyo de las escuelas secundarias y colegios y universidades.

En los pasillos de la mayoría de las escuelas secundarias de EE. UU., encontrará miembros del personal dedicados listos para guiar a los estudiantes a través del
mundo de la ayuda financiera. Usualmente estos consejeros estudiantiles tienen el conocimiento y métodos que les puede ayudar a los estudiantes con la información que necesiten, iluminando el proceso y ayudando en la finalización de la FAFSA. No
Todos los estudiantes califican para FAFSA pero no se dé por vencido hay muchas becas para todos los estudiantes incluso hay becas para diferentes carreras.

De manera similar, dentro de las universidades, hay profesionales compasivos cuya misión es ayudar a los estudiantes a desbloquear su potencial de ayuda financiera. Decodifican las complejidades de las opciones de ayuda financiera, simplifican la FAFSA y ayudan a los estudiantes a tomar decisiones informadas.

Aquí le mostramos cómo estas instituciones educativas pueden facilitar este viaje:

Proporcionar información completa sobre el proceso de ayuda financiera y las opciones de ayuda disponibles. Brindar asistencia práctica para completar la FAFSA. Revisar meticulosamente las solicitudes de ayuda financiera, asegurando la precisión y la integridad. Explicar las cartas de concesión de ayuda financiera y guiar a los estudiantes a aceptar o rechazar la ayuda. Ayudar a los estudiantes a descubrir recursos financieros adicionales, como becas y préstamos privados.

Las escuelas secundarias y colegios y universidades también ofrecen varias opciones:

Talleres y seminarios sobre ayuda financiera. Si usted o su hij@ quieren seguir sus estudios busque información sobre talleres o seminarios que les puede ayudar con el proceso o guiarlos de como hacer bien las cosas para obtener el máximo beneficio.

Estos servicios no se tratan solo de papeleo; son puentes hacia futuros más brillantes. Ayudan a los estudiantes a superar las formidables barreras que a menudo se interponen en el camino de la educación superior. Al garantizar el acceso a la ayuda financiera, estas instituciones hacen que el sueño de la educación universitaria sea más alcanzable para todos, enriqueciendo no solo las vidas individuales sino también el tejido de la sociedad en su conjunto.

Préstamos Estudiantiles

Es cierto que muchos inmigrantes temen obtener préstamos estudiantiles. Esto se debe a menudo al miedo de endeudarse o a la falta de comprensión de cómo funcionan los préstamos estudiantiles. Sin embargo, los préstamos estudiantiles pueden ser una herramienta valiosa para los inmigrantes que desean seguir una educación superior.

Hay varias razones por las que los inmigrantes pueden tener miedo de obtener préstamos estudiantiles. Algunos inmigrantes vienen de países con sistemas financieros diferentes y pueden no estar familiarizados con el concepto de préstamos estudiantiles. Otros pueden preocuparse por su capacidad para devolver los préstamos, especialmente si son indocumentados o tienen ingresos bajos. Otros aún pueden haber escuchado historias de amigos y familiares que han tenido dificultades para pagar sus préstamos estudiantiles.

Sin embargo, hay varias cosas que los inmigrantes pueden hacer para reducir los riesgos asociados con los préstamos estudiantiles. Primero, es importante entender los diferentes tipos de préstamos estudiantiles disponibles. Los préstamos estudiantiles federales suelen tener tasas de interés más bajas y opciones de pago más flexibles que los préstamos estudiantiles privados. Los inmigrantes también deben considerar pedir prestado sólo el dinero que necesitan y asegurarse de tener un plan para pagar sus préstamos después de graduarse.

Hay varios recursos disponibles para ayudar a los inmigrantes a solicitar y administrar préstamos estudiantiles. El sitio web del Departamento de Educación de EE. UU. tiene una gran cantidad de información sobre préstamos estudiantiles, incluida información en español y otros idiomas. Los inmigrantes también pueden contactar la oficina de ayuda financiera de su colegio comunitario o universidad local para obtener asistencia.

Es importante recordar que los préstamos estudiantiles pueden ser una herramienta valiosa para los inmigrantes que desean seguir una educación superior. La educación superior puede llevar a mejores oportunidades laborales y salarios más altos. Esto puede ayudar a los inmigrantes a alcanzar el sueño americano más pronto.

Aquí hay algunos consejos para inmigrantes que están considerando obtener préstamos estudiantiles:

1. **Investiga**. Aprende sobre los diferentes tipos de préstamos estudiantiles disponibles y los términos y condiciones de cada tipo de préstamo.
2. **Pide prestado solo el dinero que necesitas.** Considera tus gastos de vida y otros costos al determinar cuánto dinero necesitas pedir prestado.
3. **Haz un plan para devolver tus préstamos después de**

graduarte. Investiga diferentes opciones de pago y elige un plan que sea asequible para ti.
4. **Contacta la oficina de ayuda financiera de tu colegio comunitario o universidad local para obtener asistencia.** Los consejeros de ayuda financiera pueden ayudarte a solicitar préstamos estudiantiles y entender tus opciones de pago.

Recuerda, los préstamos estudiantiles pueden ser una herramienta valiosa para los inmigrantes que desean seguir una educación superior. Al investigar y hacer un plan, puedes reducir los riesgos asociados con los préstamos estudiantiles y alcanzar tus metas educativas y financieras.

La mayoría de las veces, encuentro que las personas tienen miedo de obtener préstamos estudiantiles y terminan trabajando en empleos con salarios bajos durante muchos años. Sin embargo, es necesario considerar las oportunidades que se pueden tener al obtener un título universitario. Un título puede marcar la diferencia entre tener un trabajo con poco pago o un empleo bien pagado.

Según la Oficina de Estadísticas Laborales de EE. UU., el salario semanal promedio para trabajadores a tiempo completo de 25 años o más con un diploma de escuela secundaria fue de $781 en 2021. Esto se traduce en un salario anual de $40,612. Mientras tanto, el salario semanal promedio para trabajadores a tiempo completo de 25 años o más con una licenciatura fue de $1,319 en 2021, lo que se traduce en un salario anual de $68,138.

Esto significa que, en promedio, las personas con una licenciatura ganan aproximadamente un 70% más que las personas con un diploma de escuela secundaria. Esta brecha salarial se ha ido ampliando en las últimas décadas, a medida que ha aumentado la demanda de trabajadores calificados.

Aquí hay una tabla que resume los salarios promedio para personas con diferentes niveles de educación:

Nivel de Educación	Ingreso Semanal promedio	Salario Anual (2021)
Diploma de escuela secundaria	$781	$40,612
Algunos estudios universitarios, sin título	$877	$45,604

Título de Asociado (2 años de universidad)	$934	$48,732
Licenciatura	$1,319	$68,138
Maestría	$1,742	$90,796
Doctorado	$2,045	$106,340

Como puede ver, el salario promedio aumenta con cada nivel de educación. Esto se debe a que un mayor nivel de educación generalmente conduce a más oportunidades laborales y trabajos mejor pagados.

Por supuesto, hay muchos factores que pueden afectar el salario de una persona, como la experiencia, las habilidades y la ubicación. Sin embargo, en promedio, las personas con una educación universitaria ganan significativamente más que las personas con un diploma de escuela secundaria.

Becas

Las becas son premios en dinero que se otorgan a los estudiantes para ayudarles a pagar la universidad. Las becas pueden basarse en una variedad de factores, como el mérito académico, la necesidad financiera o las actividades extracurriculares.

Para encontrar becas, puedes buscar en bases de datos de becas en línea, como Fastweb.com y Scholarships.com. También puedes contactar a tu consejero de la escuela secundaria, la oficina de ayuda financiera de la universidad y negocios y organizaciones locales para preguntar sobre oportunidades de becas.

Explorando Diversas Oportunidades de Becas
Mi amiga tenía el sueño de continuar sus estudios en Turquía y entendía que financiar su educación sería un gran obstáculo. Para abordar esto, adoptó un enfoque único para solicitar becas. En lugar de perseguir las pocas becas grandes que son típicamente buscadas por muchos y difíciles de ganar, se concentró en solicitar una amplia variedad de becas más pequeñas, cada una de ellas de entre $500 a unos pocos miles de dólares.

Investigó y solicitó más de 100 de estas becas en todo Estados Unidos. Su diligencia y estrategia inteligente dieron sus frutos generosamente: logró asegurar un total de $40,000 de estas becas más pequeñas. Esta cantidad fue suficiente para cubrir sus gastos educativos en Turquía y apoyar su traslado allí.

Para cualquiera que aspire a financiar su educación, vale la pena señalar que las becas más pequeñas a menudo son pasadas por alto y menos disputadas, lo que las convierte en una opción práctica. Explorando recursos en línea y bases de datos de becas, puedes descubrir numerosas oportunidades para armar tu financiamiento educativo. La historia de mi amiga es un testimonio de cómo un enfoque estratégico y persistente en las solicitudes de becas puede llevar a cumplir tus objetivos académicos sea aquí en los Estados Unidos o en el extranjero.

Formación en el Trabajo y/o Asistencia Financiera

El apoyo financiero de tu trabajo puede ser un cambio radical cuando buscas avanzar en tu educación. Los empleadores a menudo ofrecen varios tipos de ayuda:

Reembolso de matrícula: Aquí, tu empresa te devuelve el costo de las clases o programas de grado que están relacionados con tu trabajo.

Licencia de estudio pagada: Algunas empresas podrían permitirte tomar tiempo libre pagado para asistir a clases o trabajar en la obtención de una certificación.

Pago anticipado de matrícula: Tu trabajo podría pagar tus clases por adelantado, y luego tú podrías devolverles lentamente a través de deducciones de tu salario.

Recursos adicionales: Otros tipos de apoyo pueden incluir acceso a cursos en línea, tutoría personal o mentoría de colegas más experimentados.

Muchos lugares donde podrías trabajar tienen programas como estos. Por ejemplo:

Amazon ayuda a los trabajadores de tiempo completo cubriendo hasta el 95% de la matrícula y las tasas para cursos relacionados con su trabajo.

Google ofrece a sus empleados hasta $5,250 cada año para clases y programas vinculados a su trabajo.

Starbucks tiene un acuerdo donde los empleados reciben hasta $2,500 cada año para cursos que les ayuden en su rol actual.

Walmart reembolsa hasta $1,500 anuales por gastos educativos relevantes para el trabajo.

Target proporciona hasta $1,000 al año para el mismo propósito.

Cuando busques trabajo, asegúrate de verificar si la empresa ayuda a los empleados con su educación. Pregunta durante las entrevistas o busca los detalles en línea en las ofertas de trabajo.

Aquí te explico cómo puedes buscar trabajos que ofrezcan beneficios de formación:

Ve a sitios de búsqueda de empleo donde puedas filtrar las ofertas basándote en beneficios, como ayuda para la matrícula.

Está atento a los anuncios de trabajo que hablen sobre beneficios educativos.

Utiliza tu red de contactos: pregunta a amigos y familiares si conocen empresas con buenos programas de apoyo al estudio.

Contacta directamente con las empresas y pregúntales qué ofrecen.

Recuerda, obtener ayuda de tu trabajo para cubrir los costos de educación es un paso sólido hacia el alcance de tus metas de carrera y aprendizaje. Siempre estate atento a estos beneficios cuando busques una nueva posición; puede marcar una gran diferencia en el avance de tu educación mientras trabajas.

Cómo las Personas Indocumentadas Pueden Financiar su Educación

Las personas indocumentadas enfrentan desafíos adicionales para financiar su educación. Sin embargo, hay una serie de recursos disponibles para ayudar a los estudiantes indocumentados a pagar la universidad.

Aquí hay algunas maneras en que las personas indocumentadas pueden financiar su educación:

Ayuda financiera estatal: Algunos estados ofrecen ayuda financiera a los estudiantes indocumentados. Por ejemplo, la Ley Dream de California proporciona ayuda financiera a estudiantes indocumentados que cumplen con ciertos requisitos de elegibilidad.

Ayuda financiera institucional: Algunas universidades y colegios ofrecen ayuda financiera a estudiantes indocumentados. Por ejemplo, el sistema de la Universidad de California ofrece ayuda financiera a estudiantes indocumentados que son
residentes de California.

Becas privadas: Hay varias becas privadas disponibles para estudiantes
indocumentados. Por ejemplo, la beca de United We Dream es una beca privada que se otorga a estudiantes indocumentados que están cursando educación superior.

Asistencia financiera para formación en el trabajo: Algunos empleadores ofrecen asistencia financiera a empleados que están inscritos en programas de formación relacionados con el trabajo, independientemente de su estatus migratorio.

Además de los recursos mencionados, existen varias organizaciones sin fines de lucro que brindan apoyo a los estudiantes indocumentados. Estas organizaciones pueden ayudar a los estudiantes indocumentados a encontrar recursos de ayuda financiera, solicitar becas y navegar el proceso de admisión universitaria.

Estados Unidos es una nación repleta de oportunidades, aunque esto no implica que alcanzar tus sueños sea sencillo. Sin embargo, puedo asegurarte que si te enfocas y buscas las maneras adecuadas, las puertas se abrirán gradualmente. Verás que, con esfuerzo y dedicación, es posible alcanzar tus metas.

7

El Sistema Financiero: Banca, Crédito e Impuestos en EE. UU.

¡Bienvenido a Estados Unidos! Adaptarse a la vida aquí incluye entender el sistema financiero, que es clave para gestionar tu dinero y alcanzar el éxito. Vamos a repasar lo esencial sobre el sistema bancario, créditos e impuestos.

Es fundamental para alguien que acaba de llegar a Estados Unidos comprender el sistema bancario por varias razones clave:

1. **Seguridad Financiera:** Tener una cuenta bancaria en EE. UU. proporciona un lugar seguro para guardar el dinero. Esto es crucial para evitar riesgos como el robo o la pérdida de efectivo.
2. **Gestión del Dinero:** Una cuenta bancaria permite a los individuos administrar su dinero de manera más eficiente. Facilita el seguimiento de los gastos, el pago de cuentas y la planificación financiera.
3. **Historial de Crédito:** En EE. UU., un buen historial de crédito es esencial para muchas actividades, como alquilar una vivienda, obtener un préstamo o incluso en algunos casos para la contratación laboral. Algunos bancos ofrecen productos, como tarjetas de crédito aseguradas, que pueden ayudar a empezar a construir un historial de crédito.
4. **Acceso a Servicios Financieros:** Entender el sistema bancario abre las puertas a una variedad de servicios financieros, incluyendo préstamos, hipotecas y líneas de

crédito, que son importantes para grandes compras como un coche o una casa.
5. **Comodidad y Eficiencia:** El uso de servicios bancarios facilita las transacciones diarias, como la recepción de salarios a través de depósitos directos, la realización de compras con tarjetas de débito o crédito, y el envío o recepción de dinero.
6. **Beneficios Adicionales:** Muchos bancos ofrecen beneficios adicionales, como intereses sobre los ahorros, programas de recompensas y protección contra el fraude, que pueden ser ventajosos para los recién llegados.

En resumen, comprender y utilizar eficazmente el sistema bancario en Estados Unidos es un paso crucial para la integración financiera y la construcción de una base sólida para el éxito económico en un nuevo país.

Los Bancos

Cuando llegues, una de las primeras cosas que querrás hacer es abrir una cuenta bancaria.

Lo que Necesitas: Para abrir una cuenta, normalmente necesitarás alguna forma de identificación (como un pasaporte o licencia de conducir), prueba de tu dirección y, a veces, un número de Seguro Social. Si no tienes uno, algunos bancos aceptan un Número de Identificación Personal del Contribuyente (ITIN).

Cuenta Corriente (checking): Esta es para uso diario: recibir tu salario, pagar facturas y usar una tarjeta de débito para compras.

Cuenta de Ahorros (savings): También es una buena idea abrir una cuenta de ahorros. El dinero aquí gana interés con el tiempo, ayudándote a aumentar tus ahorros.

Crédito

Entender y construir crédito es una piedra angular de la salud financiera en América, tocando virtualmente cada aspecto de la vida. Ya sea para asegurar un arrendamiento para un apartamento, comprar un vehículo o ser considerado para ciertas oportunidades laborales, una historia de buen crédito es a menudo requerida. Además, una puntuación de crédito fuerte podría significar tasas de interés más favorables en préstamos, lo que se traduce en un ahorro sustancial a lo largo del tiempo.

Iniciando el Proceso de Construir Crédito

El camino para construir crédito debe comenzar lo antes posible. Puedes comenzar a establecer crédito a los 18 años, que generalmente es cuando uno se vuelve elegible para muchos tipos de crédito.

Tarjetas de Crédito Aseguradas

Una tarjeta de crédito asegurada está diseñada para personas sin historial de crédito o aquellas que buscan reconstruirlo. Requiere un depósito en efectivo que sirve como garantía y generalmente determina el límite de crédito. Al usar una tarjeta asegurada y realizar pagos a tiempo, puedes construir o mejorar tu puntuación de crédito, ya que la actividad se informa a las agencias de crédito.

Tarjetas de Tiendas

Muchas tiendas como Best Buy, Marshalls o Macy's ofrecen sus propias tarjetas de crédito. Estas tarjetas suelen ser más fáciles de calificar que las tarjetas de crédito estándar. También pueden ofrecer ofertas de financiación especiales, como cero intereses si el saldo se paga en su totalidad dentro de un período de 6, 12 o 18 meses. Sin embargo, estas tarjetas a menudo tienen tasas de interés más altas si los saldos no se pagan dentro del período promocional, por lo que es importante manejar estas cuentas con cuidado.

Facturas de Servicios Públicos

Pagar consistentemente las facturas de servicios públicos a tiempo también puede contribuir a tu historial crediticio. Algunos modelos de puntuación de crédito incluyen pagos de facturas de servicios públicos, y puedes usar servicios que informen tu historial de pagos a las agencias de crédito.

Préstamos para Construir Crédito

Estos son pequeños préstamos ofrecidos por cooperativas de crédito o bancos comunitarios diseñados para ayudar a las personas a construir crédito. El dinero prestado se mantiene por el prestamista en una cuenta y no se libera al prestatario hasta que el préstamo se haya pagado completamente.

Estatus de Usuario Autorizado

Convertirse en un usuario autorizado en la cuenta de tarjeta de crédito de un familiar o amigo puede ayudarte a aprovechar su historial crediticio. Recibirás una tarjeta con tu nombre y el historial de pagos de la cuenta aparecerá en tu informe crediticio.

Tarjetas de Crédito para Estudiantes y Principiantes

Para los adultos jóvenes, las tarjetas de crédito para estudiantes o tarjetas de crédito iniciales pueden ser una buena opción. Generalmente tienen límites de crédito más bajos y beneficios mínimos, pero están adaptadas para aquellos con historiales crediticios limitados.

Préstamos para Automóviles

Si estás en el mercado para comprar un coche, un préstamo automotriz puede ser una manera de construir crédito. Asegúrate de buscar un préstamo con los mejores términos y realiza los pagos a tiempo.

Construir crédito es un proceso gradual que requiere

disciplina y un comportamiento financiero responsable. Es crucial evitar gastar de más y siempre pagar tus deudas a tiempo. Al comenzar lo antes posible y usar estos métodos sabiamente, puedes establecer un historial crediticio que será la base para transacciones financieras en tu futuro.

El Valor de Fuentes de Crédito Diversas

Cultivar un portafolio de al menos tres fuentes de crédito variadas es beneficioso. Esto puede demostrar a los posibles acreedores tu capacidad para manejar diferentes tipos de crédito de manera responsable, lo que potencialmente puede llevar a mejores condiciones de préstamo y tasas de interés.

El Papel del Crédito en Compras Mayores y Oportunidades en la Vida

Un buen historial de crédito facilita el camino hacia la compra de una vivienda, la posesión de un vehículo e incluso la búsqueda del emprendimiento al aumentar tu elegibilidad para préstamos y reducir las tasas de interés. También ofrece un colchón financiero en situaciones urgentes, permitiendo el acceso a fondos que de otra manera podrían no estar disponibles. Tener un buen crédito significa tener acceso a dinero cuando lo necesites sea para emergencias, temas de salud, e incluso oportunidades de inversión.

Uso Prudente del Crédito y Prácticas de Pago

Es sabio mantener la utilización del crédito por debajo del 60% de tu límite de crédito, ya que un uso más alto puede implicar una posible sobreextensión financiera, impactando negativamente tu puntuación de crédito.

Además, pagar tus cuentas de crédito consistentemente a tiempo evita costosas penalizaciones e intereses mientras demuestra fiabilidad financiera. Practicar el gasto dentro de tus medios es crucial; el uso excesivo del crédito puede llevar a una deuda insostenible, socavando tu estabilidad financiera y puntuación de crédito.

En Resumen

En América, fomentar un historial de crédito saludable no es solo una estrategia financiera sino una necesidad que abre puertas a futuras riquezas y oportunidades. Al adoptar las estrategias mencionadas, puedes sentar las bases para un futuro financiero seguro y allanar el camino para alcanzar tus aspiraciones.

Puntuación de Crédito

Una puntuación de crédito es un número que representa tu solvencia crediticia. Se basa en tu historial crediticio, que incluye información sobre tu comportamiento de préstamo y pago anterior. Las puntuaciones de crédito son utilizadas por los prestamistas para evaluar tu riesgo al solicitar un préstamo.

Las tres principales agencias de informes de crédito en Estados Unidos son Equifax, Experian y TransUnion. Estas agencias recopilan y mantienen información sobre tu historial de crédito, como tu historial de pagos, la proporción de utilización de crédito y la longitud de tu historial crediticio.

Tu puntuación de crédito puede subir o bajar dependiendo de varios factores, incluyendo:

Historial de pagos: Este es el factor más importante en tu puntuación de crédito. Hacer todos tus pagos a tiempo y en su totalidad te ayudará a mantener una buena puntuación de crédito.
Proporción de utilización de crédito: Es la cantidad de crédito que estás utilizando en comparación con tu crédito total disponible. Una proporción de utilización de crédito más baja generalmente es mejor para tu puntuación de crédito.
Longitud del historial de crédito: Cuanto más largo sea tu historial de crédito, mejor para tu puntuación de crédito.
Nuevo crédito: Abrir nuevas cuentas de crédito puede disminuir temporalmente tu puntuación de crédito.
Consultas rigurosas: Cuando solicitas un préstamo, el prestamista generalmente
realizará un chequeo en tu informe de crédito. Los chequeo de creditos pueden bajar tu puntuación de crédito por unos puntos, pero el impacto suele ser temporal.

Manteniendo un Ojo en tu Puntuación de Crédito

Hay varias cosas que puedes hacer para mantener un control sobre tu puntuación de crédito:

1. Obtén una copia gratuita de tu informe de crédito de cada una de las tres principales agencias de informes de crédito una vez al año. Puedes hacer esto en annualcreditreport.com.
2. Revisa tu informe de crédito cuidadosamente en busca de errores o inexactitudes. Si encuentras algún error, disputa este con la agencia de informes de crédito inmediatamente.
3. Inscríbete en un servicio de monitoreo de crédito. Estos servicios rastrean tu puntuación de crédito y te envían alertas si hay algún cambio en tu puntuación o informe de crédito.
4. Puedes monitorear tu puntuación de crédito tan a menudo como quieras. Sin embargo, generalmente se recomienda revisar tu puntuación de crédito al menos una vez al año. También debes revisar tu puntuación de crédito antes de solicitar un préstamo importante, como una hipoteca o un préstamo para automóvil.

Las puntuaciones de crédito pueden ser un tema complejo, pero es importante entender cómo funcionan y cómo mantener una buena puntuación de crédito. Siguiendo los consejos anteriores, puedes proteger tu puntuación de crédito y mejorar tus posibilidades de ser aprobado para préstamos en el futuro.

Mantén tu Información Segura y Privada

El robo de identidad es un delito grave que puede tener un impacto devastador en tu vida financiera. Los ladrones de identidad pueden usar tu información robada para abrir cuentas de crédito, solicitar préstamos e incluso hacer compras en tu nombre.

Hay varias cosas que puedes hacer para mantener tu información segura y protegerte del robo de identidad:

Ten cuidado con la información que compartes en línea y con quién la compartes.

Utiliza contraseñas fuertes para todas tus cuentas en línea y cámbialas regularmente.

Ten cuidado al hacer clic en enlaces en correos electrónicos o mensajes de texto de remitentes desconocidos.

Destruye cualquier documento que contenga tu información personal antes de tirarlo. Monitorea regularmente tu informe de crédito y puntuación de crédito para detectar cualquier actividad no autorizada.

El robo de identidad ocurre todos los días, por lo que es importante tomar medidas para protegerte. Siguiendo los consejos anteriores, puedes mantener tu información segura y reducir tu riesgo de ser víctima de robo de identidad.

Aquí hay algunos consejos adicionales para protegerte del robo de identidad:

Ten cuidado con la información que publicas en las redes sociales. Ten cuidado al usar redes Wi-Fi públicas.

Mantén tu computadora y dispositivos móviles actualizados con el último software de seguridad.

Ten cuidado al abrir archivos adjuntos de correos electrónicos de remitentes desconocidos.

Ten cuidado al proporcionar tu información personal por teléfono.

Si crees que puedes ser víctima de robo de identidad, contacta a la Comisión Federal de Comercio (FTC) en IdentityTheft.gov o al 1-877-438-4338. La FTC puede ayudarte a crear un plan de recuperación y reportar el robo de identidad a las autoridades correspondientes.

Impuestos

En Estados Unidos, los impuestos son un aspecto fundamental de la vida financiera. Comprender el sistema tributario es crucial para el cumplimiento y también puede ser ventajoso para minimizar la responsabilidad fiscal dentro de los límites de la ley.

La Importancia de Pagar Impuestos

Pagar impuestos en EE. UU. no es solo un deber cívico; es un requisito legal. El Servicio de Impuestos Internos (IRS) es la agencia federal responsable de la

recaudación de impuestos y la aplicación de las leyes fiscales. El caso de Al Capone es un ejemplo famoso de la seriedad con la que el gobierno de EE. UU. trata la evasión fiscal. Aunque Capone era un gángster notorio involucrado en numerosas actividades

ilegales, fueron los cargos por evasión de impuestos los que finalmente llevaron a su encarcelamiento. Este caso histórico subraya el mensaje de que, independientemente del estatus de uno, el no pagar impuestos puede llevar a consecuencias severas.

Comprender las Leyes Tributarias y Minimizar la Responsabilidad Fiscal

Si bien pagar impuestos es obligatorio, el código fiscal de EE. UU. ofrece varias vías legales para reducir la responsabilidad fiscal. El magnate inmobiliario y ex presidente Donald Trump una vez comentó que no pagar impuestos refleja una navegación

inteligente del sistema. Esta declaración apunta a la complejidad de las leyes fiscales y las oportunidades que presentan para aquellos que las entienden a fondo. EEUU fue establecido, entre otras cosas, por individuos preocupados por la tributación. Los fundadores buscaban crear un sistema que permitiera la representación en las decisiones fiscales, de ahí el famoso lema de la era revolucionaria: "No hay tributación sin representación".

Estrategias para la Minimización de Impuestos

Para minimizar legalmente la responsabilidad fiscal, individuos y empresas pueden emplear varias estrategias, incluyendo:

Deducciones Fiscales

1.**Deducción de Intereses de Préstamos Estudiantiles:** Puedes deducir hasta

$2,500 de los intereses que pagaste en un préstamo estudiantil calificado. La cantidad se reduce gradualmente y finalmente se elimina en niveles de ingresos más altos.

2.**Deducción de Intereses Hipotecarios:** Los propietarios

pueden deducir los intereses pagados en hasta $750,000 de deuda hipotecaria (o hasta $1 millón si el préstamo se originó antes del 15 de diciembre de 2017) utilizados para comprar, construir o mejorar una residencia principal.

3. Gastos de Educación: El Crédito Tributario de Oportunidad Americana (AOTC) permite un crédito por gastos de educación calificados pagados para un estudiante elegible durante los primeros cuatro años de educación superior. Puedes obtener un crédito anual máximo de $2,500 por estudiante elegible.

4. Deducción de Oficina en Casa: Si utilizas una parte de tu hogar regular y exclusivamente para fines comerciales, podrías deducir gastos relacionados con esa parte de tu hogar.

5. Gastos Médicos y Dentales: Puedes deducir la parte de tus gastos médicos y dentales que sea más del 7.5% de tu ingreso bruto ajustado (AGI).

6. Impuestos Estatales y Locales (SALT): Puedes deducir impuestos estatales y locales sobre la propiedad, ingresos y ventas hasta un límite de $10,000 ($5,000 si estás casado presentando por separado).

Créditos Fiscales

1. **Crédito Tributario por Hijos:** Para 2021, el monto del crédito aumentó a hasta

$3,600 por cada niño calificado menor de 6 años y $3,000 por cada niño calificado entre 6 y 17 años. El crédito incluye a los niños que cumplen 17 años en 2021. Para entender este crédito les recomiendo hablar con su preparador de impuestos (Tax Preparer).

2. Crédito por Cuidado de Hijos y Dependientes: Por gastos relacionados con el cuidado de niños menores de 13 años para que puedas trabajar, el crédito puede ser de hasta el 35% de los gastos calificados, dependiendo de los ingresos.

3. Crédito Tributario por Ingresos del Trabajo (EITC): Un beneficio para las personas trabajadoras con ingresos bajos a moderados. La cantidad del crédito depende de tus ingresos y del número de hijos que tengas.

4. Crédito por Aprendizaje Permanente: Ofrece hasta $2,000 por gastos de educación calificados durante un número ilimitado de años.

5. Crédito por Propiedad de Energía Eficiente Residencial: Por costos asociados con la instalación de equipos de energía alternativa en tu hogar, como paneles solares o bombas de calor geotérmicas.

6. Crédito por Adopción: Puedes obtener un crédito fiscal por gastos calificados pagados para adoptar un niño elegible.

Reparaciones del Hogar vs. Mejoras del Hogar

Es importante distinguir entre reparaciones del hogar y mejoras del hogar.

Generalmente, no puedes deducir el costo de las reparaciones del hogar en tus impuestos. Sin embargo, las mejoras del hogar —que aumentan el valor de tu hogar, prolongan su vida útil o lo adaptan para nuevos usos— pueden incluirse en la base de la propiedad y pueden reducir el impuesto sobre las ganancias de capital si vendes tu hogar.

Recuerda:
Las reglas para deducciones y créditos pueden cambiar, y hay muchas sutilezas y umbrales que afectan cuánto puedes reclamar. Los ejemplos dados aquí reflejan las leyes fiscales conocidas hasta el corte en abril de 2023. Para obtener la información más precisa y personalizada, se recomienda consultar con un profesional de impuestos o referirse a las últimas directrices del IRS.

Ahorros para la Jubilación: Contribuir a cuentas de jubilación como 401(k)s o IRAs, que pueden diferir o reducir los impuestos.
Donaciones Caritativas: Realizar contribuciones caritativas, que pueden ser deducibles y así reducir el ingreso imponible.
Inversiones con Diferimiento o Exención de Impuestos: Utilizar cuentas de
inversión que difieran los impuestos a una fecha futura o permitan un crecimiento libre de impuestos.

Aprendizaje Continuo y Asesoramiento Profesional
Dada la complejidad del código fiscal, mantenerse informado

sobre las leyes actuales y los cambios es importante. Los profesionales de impuestos pueden proporcionar orientación valiosa. Pueden ayudar a navegar las complejidades del sistema para asegurar el cumplimiento y la planificación fiscal óptima.

Conclusión

Los impuestos son un elemento crítico del panorama financiero en América. Aunque su pago no es negociable, comprender el sistema tributario puede ayudar a individuos y empresas a encontrar vías legales para minimizar sus cargas fiscales. Como en cualquier asunto legal, mantenerse dentro del marco de la ley es primordial, y buscar asesoramiento experto puede ser una sabia inversión en sí misma.

Presentación de la Declaración de Impuestos: Cada año, normalmente para el 15 de abril, necesitas presentar una declaración de impuestos. Esto determina si has pagado la cantidad correcta de impuestos durante el año. Si has pagado de más, puedes recibir un reembolso. Si no has pagado lo suficiente, deberás dinero.

Obtener Ayuda: Los impuestos pueden ser complejos. No dudes en obtener ayuda de un preparador de impuestos, especialmente en tu primer año.

Comprender el sistema financiero no es solo acerca de gestionar tu dinero; también se trata de construir una base para tu vida aquí en América. Buenos hábitos financieros pueden abrir muchas puertas, desde comprar una casa hasta invertir en tu futuro.

Tómate el tiempo para educarte y no tengas miedo de pedir asesoramiento cuando lo necesites. ¡Bienvenido y mucha suerte y bendiciones!

Comprender el sistema financiero no es solo acerca de gestionar tu dinero; también se trata de construir una base para tu vida aquí en América. Buenos hábitos financieros pueden abrir muchas puertas, desde comprar una casa hasta invertir en tu futuro.

Tómate el tiempo para educarte y no tengas miedo de pedir asesoramiento cuando lo necesites. ¡Bienvenido y mucha suerte y bendiciones!

Con buen credito puedes comprar tu casa

8

Vivienda y Comunidad: Encontrando Tu Lugar

Asegurar un lugar para llamar hogar en Estados Unidos es un

paso significativo. No se trata solo de encontrar un techo sobre tu cabeza, sino también de descubrir un vecindario que resuene con tu estilo de vida y valores. Factores como la asequibilidad, la seguridad, la proximidad al trabajo o la escuela, y la dinámica comunitaria juegan roles importantes en este proceso de toma de decisiones.

La seguridad debe estar en la cima de tu lista al considerar un nuevo hogar. Las tasas de criminalidad pueden variar drásticamente entre diferentes áreas, incluso dentro de la misma ciudad. Es sabio examinar estas estadísticas de cerca. Recursos en línea como CrimeReports y NeighborhoodScout ofrecen información valiosa sobre las condiciones de seguridad locales.

La comunidad es el tejido que mantiene unido a un vecindario. Es importante determinar si la comunidad es inclusiva y solidaria, especialmente si eres inmigrante o tienes necesidades culturales específicas. Las comunidades con poblaciones diversas pueden ofrecer una transición más fluida y proporcionar una red de apoyo. Además, la calidad de las escuelas locales y la disponibilidad de recursos comunitarios como bibliotecas, parques e instalaciones recreativas pueden mejorar enormemente tu experiencia de vida.

La decisión de Amazon de establecer su nueva sede en Arlington, Virginia, ejemplifica la importancia del compromiso local con la educación y la disponibilidad de mano de obra calificada. La elección de Amazon fue influenciada por la rica reserva de talento bien educado del área, destacando la importancia de los recursos locales en la toma de decisiones corporativas y el desarrollo comunitario.

Aquí hay algunos pasos prácticos para ayudarte a encontrar el lugar ideal para vivir en EE. UU.:

1. **Realiza una Investigación Exhaustiva:** Sumérgete en la demografía, el costo de vida y el estilo de vida de diferentes áreas. Esta base es crucial para tomar una decisión informada.
2. **Evalúa Tus Necesidades Personales:** Reflexiona sobre lo que tú y tu familia valoran más. ¿Priorizas una escena cultural vibrante, calles suburbanas tranquilas o quizás un fácil acceso a la naturaleza?
3. **Visita Vecindarios Potenciales:** Pasa tiempo en las comunidades que estás considerando para obtener una sensación directa de la atmósfera local y las comodidades.
4. **Interactúa con los Residentes:** Conéctate con los lugareños para escuchar sobre sus experiencias. Ellos pueden ofrecer una visión interna de los pros y los contras del área.
5. **Comprende Tus Límites Financieros:** Evalúa tu presupuesto cuidadosamente, incluyendo los gastos potenciales más allá de los pagos de alquiler o hipoteca, como impuestos a la propiedad, seguros y costos de mantenimiento.

Recuerda que establecerte en un nuevo hogar en América es más que una transición física; se trata de formar parte de una comunidad y tejer tu hilo único en el tapiz americano. Tómate el tiempo para explorar, hacer preguntas y, en última instancia, confía en tus instintos. Con una consideración cuidadosa, puedes encontrar no solo una casa, sino un hogar acogedor y vibrante donde puedas prosperar.

Comunidad

La comunidad es el corazón palpitante de nuestras vidas, una fuente de conexión, apoyo y experiencias compartidas. Es un tapiz de individuos diversos que se unen para crear algo más grande que ellos mismos. Para prosperar verdaderamente, no solo es importante, sino profundamente enriquecedor, convertirse en una parte activa de tu comunidad.

Una de las formas más impactantes de hacerlo es uniéndote a una iglesia local. Estos lugares de culto son más que simples refugios espirituales; son centros de la vida comunitaria, donde se forjan lazos y se cultivan amistades. Ofrecen un santuario para el alma y un espacio para conectar con otros que comparten tus valores y creencias.

El voluntariado es un esfuerzo que nutre el alma y no solo beneficia a tu comunidad, sino que también llena tu propio corazón con un profundo sentido de propósito. Ya sea sirviendo en una cocina de sopa, ayudando en un refugio local o participando en esfuerzos de limpieza comunitaria, dar tu tiempo y energía marca la diferencia y fomenta un sentido de pertenencia.

Las reuniones del ayuntamiento son el escenario donde la democracia cobra vida. Participar en ellas te permite tener voz en las decisiones que dan forma a tu comunidad. Es una forma poderosa de influir en el cambio, expresar preocupaciones y ser parte activa del proceso democrático. Recuerda, tu opinión importa.

Conocer a tu representante político no es solo darle la mano a una figura de autoridad; se trata de construir una relación con alguien que tiene el poder de abogar por las necesidades de tu comunidad. Esta conexión puede llevar a cambios positivos que impacten directamente en tu vida.

Participar en campañas políticas es una forma de ser parte del panorama más amplio. Se trata de apoyar a candidatos que compartan tu visión de una comunidad y una nación que mejore. Tu participación puede ayudar a dar forma a las políticas y traer el cambio que deseas ver.

Los eventos deportivos no son solo te acercan al juego; son un punto de encuentro para la comunidad. Asistir a eventos deportivos locales, animar a tu equipo local y compartir la emoción con otros aficionados crea vínculos que trascienden las fronteras de edad, raza y antecedentes.

No subestimes la importancia de las conexiones en el lugar de trabajo. Asistir a eventos después del trabajo y conocer a tus compañeros de trabajo a nivel personal puede crear un sentido de camaradería que se extiende más allá de las paredes de la oficina. Estas relaciones pueden ofrecer apoyo, ánimo y un sentido de pertenencia.

Para los padres, la participación en las actividades escolares de tus hijos es una forma de invertir en el futuro. Es una oportunidad para ser parte de su crecimiento, mostrarles el valor de la participación comunitaria y construir conexiones con otros padres que comparten experiencias similares.

formar parte de la comunidad, no solo encontramos apoyo, sino también un sentido más profundo de propósito y realización. Se trata de dar y recibir, de ser parte de algo más grande que nosotros mismos. Así que, haz el esfuerzo, sal de tu zona de confort y entrelázate en el vibrante tejido de tu comunidad. Tu corazón te lo agradecerá y tu comunidad será más rica por ello.

Creo firmemente en la comunidad, en el voluntariado, en apoyar a candidatos políticos y en unirme a una iglesia. A través de las conexiones que he creado haciendo todo esto, he podido encontrar empleo, hacer crecer mi negocio y han abierto tantas oportunidades para mi familia y yo.

9

Navegando el Sistema de Salud: Seguros y Bienestar

El sistema de atención médica en Estados Unidos puede ser muy confuso y a veces desafiante, pero es un tema muy importante porque la atención médica en América es muy costosa; una noche en el hospital puede costar miles de dólares, así que debes estar informado sobre las opciones y formas de prevenir cualquier situación que pueda literalmente dejarte en la calle. He conocido personas que se han quedado sin hogar después de ser hospitalizadas por un corto período, por favor toma este capítulo como una parte importante de tu experiencia de aprendizaje.

Cuidado Integral de la Vista

La vista es un aspecto crucial de tu salud general, lo que hace necesarias las

revisiones regulares para mantener una visión aguda y detectar cualquier problema potencial de manera oportuna. Sin embargo, los planes de seguro de salud estándar pueden no cubrir los servicios de visión, lo que hace esencial considerar la adquisición de una póliza de seguro de visión independiente.

El seguro de visión generalmente se puede obtener a través de varios medios, incluida la compra directa de un proveedor o mediante beneficios proporcionados por el empleador. Para aquellos con una cuenta de ahorros para la salud (HSA), es posible asignar esos fondos para gastos relacionados con la visión, como exámenes oculares, gafas o lentes de contacto.

Cuidado Dental Diligente

La salud bucal es un componente crítico de tu bienestar, siendo clave las revisiones dentales regulares para prevenir problemas como caries y enfermedad periodontal. Al igual que el cuidado de la vista, los servicios dentales a menudo requieren un plan de seguro separado, ya que generalmente no están incluidos en la cobertura del seguro de salud general.

Los planes de seguro dental se pueden asegurar mediante la compra directa de proveedores de seguros dentales o, posiblemente, a través de tu empleador. Aquellos con una HSA también pueden usar estos fondos para cubrir gastos dentales,

reforzando la importancia de dichas cuentas en la gestión de los costos de atención médica.

Obtención de Seguro a través del Empleo

Un método común para obtener seguro de salud en EE. UU. es a través de programas patrocinados por el empleador. Si estás empleado, consulta con el departamento de

recursos humanos de tu empresa para ver si ofrecen dichos beneficios. Durante el período anual de inscripción abierta, tendrás la oportunidad de inscribirte o modificar tu cobertura de seguro de salud.

El Papel Crucial del Seguro de Salud

Poseer un seguro de salud es vital; es una red de seguridad financiera que puede mitigar los costos asociados con los servicios de atención médica, desde visitas rutinarias al médico hasta procedimientos más extensos y estancias hospitalarias. En un país donde los gastos médicos pueden volverse abrumadores rápidamente, el seguro de salud ofrece protección y tranquilidad.

Elegir el Médico Adecuado

Con el seguro en mano, seleccionar un médico de atención primaria o especialista es tu siguiente paso. Al elegir un médico, considera varios factores:

Experiencia: ¿El médico está certificado por la agencia medica en su campo de práctica?

Conveniencia: ¿Está la oficina fácilmente accesible desde tu hogar o lugar de trabajo?

Red Hospitalaria: ¿Está el médico afiliado a hospitales de renombre en los que confías?

Comunicación: ¿Puede el médico comunicarse efectivamente en tu idioma preferido?

Preferencia: ¿Te sientes más cómodo con un médico de un género particular?

Compatibilidad con el Seguro: ¿Está el médico dentro de la red de tu seguro?

Recibir Atención Médica

Para recibir tratamiento médico, programarás una cita con tu proveedor de atención médica elegido. Cuando llames, prepárate para proporcionar información personal y de tu seguro, junto con la naturaleza de tu preocupación médica.

En la cita, lleva tu tarjeta de seguro y cualquier documento requerido. Se discutirán tu historial médico y los síntomas actuales, y el médico puede realizar un examen físico o ordenar pruebas diagnósticas. Después de esto, se elaborará un plan de tratamiento adaptado a tus necesidades.

Navegando las Condiciones Preexistentes

Una condición preexistente es una dolencia que existía antes de que tu actual póliza de salud entrara en vigor. Mientras que las leyes anteriores permitían a los aseguradores limitar o negar cobertura para tales condiciones, las regulaciones actuales han eliminado en gran medida estas restricciones, lo que hace importante seleccionar un plan que cubra tu historial médico.

El Complejo Sistema de Salud Americano

El sistema de salud de EE. UU. es una mezcla de excelencia y desafíos.

Los Aspectos Positivos

- El sistema cuenta con profesionales médicos e instalaciones de renombre mundial.
- Hay una amplia gama de servicios médicos y tratamientos avanzados disponibles.
- La significativa inversión en investigación médica promete avances futuros.

Los Aspectos Negativos

- Los costos de la atención médica pueden ser muy caro.
- Una parte notable de la población no tiene seguro.
- La complejidad del sistema a menudo conduce a confusión y dificultad para navegarlo.

Las Duras Realidades

- Las disparidades en el acceso y la calidad de la atención médica son evidentes entre diferentes demografías.
- La prevalencia de errores médicos es preocupante.
- El uso indebido de medicamentos recetados sigue siendo un problema significativo.

El sistema de salud estadounidense es intrincado, con capacidades notables y fallos considerables. Comprender cómo navegar eficazmente este sistema es clave para tomar las mejores decisiones para tu salud y bienestar financiero.

Mi principal sugerencia es que realices tus investigaciones. En la actualidad, no existe excusa para estar mal informado, ya que tienes acceso a Internet para obtener información sobre una amplia variedad de temas. Además, con la ayuda de la inteligencia artificial, este proceso puede ser más fácil y rápido. Educa tu mente, busca médicos de confianza, lee las recomendaciones; tu salud es de suma importancia y debes cuidarla.

Salud Mental
La salud mental es tan importante como la salud física, pero a menudo es malentendida, especialmente en las comunidades de inmigrantes. Muchos inmigrantes provienen de culturas donde las enfermedades mentales son estigmatizadas y vistas como una debilidad. Esto puede llevar a que los inmigrantes no quieran buscar ayuda para problemas de salud mental, incluso cuando la necesitan.

Mudarse a un nuevo país puede ser una experiencia muy estresante. Los inmigrantes a menudo tienen que lidiar con barreras lingüísticas, choque cultural y discriminación. También pueden estar separados de sus amigos y familiares, lo que puede llevar a sentimientos de aislamiento, soledad y depresión.

Además, los inmigrantes pueden enfrentar desafíos en América que también pueden generar problemas de salud mental, como el desempleo, la pobreza y el trauma. Es importante recordar que los problemas de salud mental pueden afectar a cualquier persona, independientemente de su origen o circunstancias.

Si eres un inmigrante que lucha con problemas de salud mental, hay recursos disponibles para ayudarte. Hay muchos profesionales de la salud mental que se especializan en trabajar con inmigrantes. También puedes encontrar grupos de apoyo y otros recursos para inmigrantes que están lidiando con problemas de salud mental.

Aquí tienes algunos consejos para mantener una buena salud mental como inmigrante:

1. **Conéctate con tu comunidad.** Encuentra otros inmigrantes que compartan tu cultura y valores. Esto puede ayudarte a sentirte menos aislado y más conectado.
2. **Aprende inglés.** Esto te ayudará a comunicarte de manera más efectiva y te abrirá más oportunidades.
3. **Involúcrate en tu comunidad.** Haz voluntariado o únete a un club o grupo. Esta es una excelente manera de conocer gente nueva y hacer amigos.
4. **Cuídate a ti mismo.** Come alimentos saludables, haz ejercicio regularmente y asegúrate de dormir lo suficiente.
5. **Busca ayuda profesional si la necesitas.** No temas pedir ayuda si estás lidiando con problemas de salud mental. Hay muchas personas que se preocupan por ti y quieren ayudarte.

Es importante recordar que no estás solo. Millones de inmigrantes luchan con problemas de salud mental cada año. No eres débil ni estás loco si estás luchando. Hay ayuda disponible y puedes mejorar.

Nota personal:
Recordando sobre mis primeros días y meses en Estados Unidos me provoca una mezcla de tristeza, soledad y amargura de emociones. La transición a una nueva vida aquí fue una lucha que a menudo me dejaba en lágrimas, anhelando la presencia reconfortante de mi abuela. Las noches eran especialmente difíciles, ya que el silencio parecía hacer eco de mi sensación de aislamiento.

La escuela presentaba sus propios desafíos. Mis compañeros, al notar mi dificultad con el inglés, no siempre mostraban amabilidad. Sus burlas se sumaban a mi tristeza y depresión. La añoranza de pertenecer y ser comprendido era profunda.

Agravando estos sentimientos estaba la compleja relación con mi mamá. Después de una separación que comenzó cuando tenía apenas cinco años, reunirme con ella a los trece fue abrumador. Éramos prácticamente desconocidos, y los años de separación habían creado una barrera entre nosotros difícil de desmantelar. Luchaba con un profundo sentimiento de desconexión y soledad.

En esos momentos de desesperación, mi fe en Dios me mantuvo a flote. Fue una fuente de fortaleza cuando las sombras de pensamientos suicidas se insinuaban en mi mente. Mi fe me ancló, brindándome consuelo y la voluntad para superar los momentos más oscuros. Sin Dios, no estoy seguro de cómo habría logrado sobrevivir esos tiempos tan difíciles que pasé al llegar a los Estados Unidos.

Mantenerse Saludable

En la búsqueda de la prosperidad en Estados Unidos, es demasiado común sumergirse tanto en la carrera hacia el éxito que descuidamos nuestro propio bienestar. Esto es especialmente cierto para los inmigrantes, quienes a menudo se encuentran haciendo malabares con varios trabajos para mantener a sus familias o perseguir sus aspiraciones.

La rutina de múltiples empleos puede generar un estrés significativo y llevar a elecciones de estilo de vida perjudiciales, como recurrir a la comida rápida por conveniencia, fumar o incluso abusar de sustancias para mantener la energía. Además, puede hacer que algunas personas descuiden las medidas de seguridad en el lugar de trabajo.

Es crucial reconocer que la esencia del Sueño Americano no se define por acumular riqueza o el alcance de uno en su trabajo. Más bien, se trata de llevar una vida llena de alegría y satisfacción.

Parte de este viaje implica priorizar tu salud física y mental. Aquí hay varias estrategias de autocuidado para los inmigrantes en Estados Unidos:

1. **Prioriza una alimentación nutritiva.** Esto implica una

dieta rica en frutas, verduras y granos enteros, mientras se minimizan los alimentos procesados, las bebidas azucaradas y las grasas poco saludables.
2. **Practica actividad física regularmente.** Intenta realizar al menos 30 minutos de ejercicio moderado la mayoría de los días.
3. **Asegura un sueño adecuado.** El adulto promedio se beneficia de 7-8 horas de sueño de calidad por noche.
4. **Maneja el estrés de manera efectiva.** Esto se puede lograr a través de actividades como el ejercicio, la meditación o pasar tiempo de calidad con amigos y familiares.
5. **Busca apoyo cuando sea necesario.** Si enfrentas desafíos con la salud mental o física, no dudes en consultar a un proveedor de atención médica o un especialista en salud mental.

Además, en Estados Unidos existen protecciones para los trabajadores. Agencias como la Administración de Seguridad y Salud Ocupacional (OSHA) están encargadas de hacer cumplir los estándares de seguridad en los lugares de trabajo. Los empleadores están obligados a mantener un ambiente seguro para su personal y cumplir con estas regulaciones.

Entender tus derechos como empleado es vital, y debes informar a tu supervisor o a OSHA directamente sobre cualquier condición insegura que encuentres.
Así es cómo puedes mantenerte protegido en el trabajo:

1. Sigue los protocolos de seguridad y utiliza cualquier equipo de protección requerido.
2. Mantente alerta ante posibles peligros en tu entorno laboral.
3. Notifica a tu supervisor sobre cualquier condición insegura que encuentres.
4. Toma descansos adecuados y evita trabajar cuando estés cansado o enfermo.

En última instancia, tu salud es tu activo más valioso. Cuídala con celo. El Sueño Americano debería elevar tu vida, no comprometerla. Priorizar tu salud garantiza que realmente estás viviendo el sueño y no sufriendo una pesadilla.

Recuerda que el éxito no debe medirse solo en términos financieros. La verdadera prosperidad incluye el bienestar físico y mental. Aquí hay algunas consideraciones adicionales para mantenerte saludable como inmigrante en Estados Unidos:

Busca apoyo emocional. Hablar con amigos, familiares o consejeros puede ayudarte a lidiar con los desafíos emocionales que puedas enfrentar durante tu viaje como inmigrante.

Conoce tus derechos legales. Infórmate sobre tus derechos como inmigrante en Estados Unidos, incluyendo temas como la inmigración, el empleo y la atención médica.

Aprovecha los recursos comunitarios. Muchas comunidades

tienen organizaciones y servicios que pueden ayudarte con la integración, la educación y la asistencia médica.

Planifica tu futuro financiero. Establece un presupuesto, ahorra dinero y considera la posibilidad de obtener seguro médico para protegerte en caso de emergencias médicas.

Mantén un equilibrio entre el trabajo y la vida. No te dejes consumir por el trabajo en detrimento de tu vida personal y familiar. Encuentra tiempo para relajarte y disfrutar de tus seres queridos.

Recuerda que pedir ayuda y cuidar de ti mismo no es un signo de debilidad, sino de fortaleza. Al hacerlo, estarás mejor preparado para enfrentar los desafíos y disfrutar de todas las oportunidades que Estados Unidos tiene para ofrecer.

En última instancia, la búsqueda del Sueño Americano debe estar en armonía con tu bienestar y felicidad. No sacrifiques tu salud en esa búsqueda, ya que tu salud es el cimiento sobre el cual puedes construir un futuro próspero y satisfactorio en este país.

Hacer ejercicios es muy importante para tu salud.

10

La Legalidad de Vivir en Estados Unidos: Derechos y Responsabilidades

Navegar el panorama legal de los Estados Unidos puede ser un aspecto crucial de la vida de un inmigrante aquí. Obtener una comprensión clara tanto de los derechos otorgados como de las obligaciones esperadas es clave para establecer una presencia segura y respetuosa de la ley en el país.

Derechos que te Corresponden

Como inmigrante en los Estados Unidos, tienes derecho a un conjunto de derechos fundamentales diseñados para proteger tu libertad y dignidad. Estos derechos incluyen, pero no se limitan a:

El derecho a vivir y buscar empleo dentro del país.

El derecho a ser tratado con respeto y dignidad, independientemente de tu estatus migratorio.

El derecho a un proceso legal justo.

La garantía de igual protección bajo la ley.

Las libertades de expresión y expresión religiosa. El derecho a reunirse pacíficamente.

El derecho a acercarte al gobierno con tus quejas.

Estos derechos aseguran que todas las personas, sin importar su origen, tengan la oportunidad de buscar una vida de libertad y felicidad en Estados Unidos.

Tus Responsabilidades

Junto a estos derechos, existen responsabilidades vitales que debes cumplir: Cumplir con las leyes de los Estados Unidos es de suma importancia.

Cumplir con tus obligaciones fiscales de manera precisa y puntual. Servir en jurados si eres convocado y eres elegible.

Para los inmigrantes varones entre las edades de 18 y 25 años, registrarse en el Sistema de Servicio Selectivo es obligatorio.

Respetar y Seguir las Leyes

Entender y seguir las leyes de los Estados Unidos es

innegociable. La ignorancia de la ley no es una excusa para no cumplir. Es tu deber educarte sobre los requisitos legales que te afectan.

Comprender la Legalidad

Si una ley es confusa o poco clara, es importante buscar aclaraciones. Puedes revisar textos legales, pero a menudo, consultar con un profesional legal es la mejor acción a seguir para asegurar una comprensión completa. El Internet y la Inteligencia Artificial también te pueden ayudar a entender mejor las leyes.

Regulaciones Locales y Estatales

Los Estados Unidos son un mosaico de variadas legislaciones estatales y locales.
Cada estado, condado y ciudad puede tener su propio conjunto de reglas que debes obedecer. Mantenerte informado sobre estas leyes regionales es tan crucial como conocer la ley federal.

Asistencia Legal

Siempre que tengas dudas sobre tus derechos legales o responsabilidades, considera obtener asesoramiento legal. Un abogado calificado puede guiarte a través de las complejidades de la ley y abogar en tu nombre si se desafían tus derechos.

Orientación Adicional para una Vida Legal en los Estados Unidos

Mantén siempre actualizada y precisa tu documentación de inmigración.

Notifica al Servicio de Ciudadanía e Inmigración de los Estados Unidos (USCIS) de inmediato sobre cualquier cambio en tu estatus.

Mantente alejado de actividades ilegales.

Completa con precisión tus declaraciones de impuestos y paga cualquier impuesto adeudado antes de la fecha de vencimiento.

Participa en tu comunidad y, si eres elegible, busca la ciudadanía.

Vivir en cumplimiento con estas pautas puede ayudar a garantizar que tu vida en América sea gratificante y libre de complicaciones legales innecesarias.

Es común sintonizar programas como "La Ley y el Orden" u otros dramas legales que representan el sistema de justicia en América. Sin embargo, es crucial reconocer que estos programas suelen ser dramatizaciones y es posible que no representen con
precisión tus derechos y responsabilidades reales. En lugar de tomar estas
representaciones al pie de la letra, es esencial educarte proactivamente sobre los derechos legales que posees y los deberes que tienes.

Cuando se trata de documentos legales, la vigilancia es clave. Hazlo un hábito leer minuciosamente cualquier documento antes de firmarlo para asegurarte de que no estás renunciando inadvertidamente a tus derechos. Por ejemplo, si estás firmando un contrato de arrendamiento para un apartamento, es importante entender bien los términos. Comprende las fechas de vencimiento del alquiler, las tarifas por pagos atrasados y la política con respecto a invitados o compañeros de cuarto. Familiarízate con tus derechos como inquilino, que pueden variar de un estado a otro.

El mismo nivel de cuidado debe aplicarse al hacer otros compromisos significativos, como la compra de un vehículo. Revisa todos los términos y asegúrate de estar al tanto de las políticas de garantía y devolución.

En la vida cotidiana, como al conducir, cumple con las leyes básicas como el uso del cinturón de seguridad. No se trata solo de evitar multas, sino también de tu seguridad. Inspecciona regularmente tu vehículo, incluyendo las luces traseras, para evitar dar motivos a la policía para detenerte.

En el lugar de trabajo, esfuérzate por comprender las políticas de la empresa,
incluyendo aquellas relacionadas con el código de vestimenta y el acoso sexual. Conocerlas puede prevenir violaciones involuntarias y malentendidos.

Recuerda que estar informado y ser consciente de las reglas que rigen tus acciones puede ayudarte a navegar la vida en Estados Unidos con mayor fluidez y evitar complicaciones legales innecesarias.

Si eres arrestado

En caso de ser arrestado en Estados Unidos, tienes derecho a ciertas protecciones proporcionadas por el sistema legal. Estas protecciones son comúnmente conocidas como derechos Miranda, derivados de la histórica decisión de la Corte Suprema en el caso Miranda V. Arizona.

Tus derechos Miranda incluyen lo siguiente:

El derecho a guardar silencio para evitar autoincriminación, ya que cualquier cosa que digas puede ser presentada como evidencia en tu contra en un tribunal.

El derecho a tener asesoría legal durante los interrogatorios, y si no tienes los recursos financieros para contratar a un abogado, el tribunal se asegurará de que se te asigne uno para que te represente.

El derecho a dejar de responder preguntas en cualquier momento durante el interrogatorio.

Si te encuentras bajo arresto, el oficial de policía está obligado a recitar tus derechos Miranda antes de iniciar cualquier interrogatorio. Si un oficial no te informa de estos derechos, es posible que tus declaraciones sean excluidas de los procedimientos judiciales.

Esto es lo que suele suceder cuando eres arrestado en los Estados Unidos:

1. Un oficial de la ley se pondrá en contacto contigo, indicando claramente su capacidad oficial.
2. Se te informará que estás siendo detenido.
3. El oficial te esposará para el transporte.
4. Serás escoltado a un vehículo policial y llevado a la comisaría de policía más cercana.
5. Al llegar a la comisaría, pasarás por el proceso de registro, que incluye la toma de tus huellas dactilares y fotografía.
6. Luego serás colocado en una celda de detención hasta tu comparecencia, que es tu primera audiencia en el tribunal.

Durante tu comparecencia, se leerán los cargos presentados en tu contra, y tendrás la oportunidad de responder ingresando una declaración. Si contratar a un abogado está más allá de tus posibilidades, el tribunal te designará uno para que te represente.

Si finalmente eres declarado culpable de los cargos, el tribunal puede imponer varias sentencias, como encarcelamiento, multas o servicio comunitario, según la gravedad de la ofensa. Alternativamente, podrías recibir una sentencia de libertad condicional o ser liberado bajo libertad vigilada.

Comprender tus derechos durante un arresto es crucial. Si en algún momento tienes dudas sobre estos derechos, tienes el derecho de buscar asesoramiento legal de un abogado.

Recomendaciones Personales

Cuando te enfrentas a problemas legales o si eres arrestado, es esencial ejercer tu derecho a guardar silencio. Ten en cuenta que los agentes de la ley pueden emplear diversas tácticas, incluida la intimidación, para que hables. Sin embargo, es aconsejable abstenerse de hablar hasta que tengas representación legal, especialmente en casos relacionados con cargos criminales. Asegura los servicios de un abogado y, una vez que lo hagas, sé sincero con él. La divulgación completa permitirá que tu abogado elabore la estrategia de defensa más efectiva para ti.

Al elegir a un abogado, realiza una investigación exhaustiva en lugar de seleccionar uno basado únicamente en sus habilidades lingüísticas. Aunque puede parecer reconfortante tener a alguien que hable tu idioma, la prioridad debe ser su historial y competencia en defensa legal para asegurar el mejor resultado posible para tu caso. Tu objetivo debe ser contratar a un abogado cuyas habilidades y experiencia se alineen con tu necesidad de una sólida defensa legal.

Tribunal de Inmigración

Es un error común y grave que los inmigrantes enfrenten procesos judiciales, en particular audiencias de inmigración, sin representación legal. En muchos casos, las personas comparecen ante un juez de inmigración y se les hace una pregunta aparentemente sencilla como "¿Podrías regresar a tu país?" Sin comprender las implicaciones de su respuesta, muchos responden afirmativamente sin dudarlo. Desafortunadamente, esto puede llevar al juez a iniciar procesos de deportación. Muchos de estos inmigrantes podrían ser elegibles para asilo u otras formas de alivio, pero debido a la falta de comprensión de la importancia de la pregunta y las sutilezas legales involucradas, se encuentran enfrentando órdenes de expulsión del país.

Contrata a un abogado, si puedes costearlo en ese momento solicita una prórroga, muchos jueces te darán tiempo para conseguir un abogado pero no respondas ninguna pregunta relacionada con tu situación legal sin un abogado.

Ser parte de una actividad criminal

Navegar por el panorama legal requiere no solo abstenerse de la actividad criminal directa, sino también comprender que la complicidad o la participación pasiva aún pueden poner en peligro legal. Por ejemplo, es posible que no hayas participado en un robo, pero permitir conscientemente que alguien guarde objetos robados en tu hogar puede implicarte en el delito. Del mismo modo, aunque no participes en la venta de sustancias ilegales, proporcionar refugio a un traficante de drogas para ocultar drogas en tu lugar puede llevar a cargos por ayudar o albergar actividad criminal.

Igual de precaria es la situación de viajar en un vehículo robado. Incluso si no robaste el coche, ser pasajero con conocimiento de su estado robado puede resultar en cargos criminales. Este principio se extiende al lugar de trabajo y otras áreas de tu vida. Hacer la vista gorda ante actividades ilegales, como el fraude financiero o las violaciones de seguridad, no te exime de ser considerado cómplice de la conducta incorrecta.

Para evitar tales escenarios, es crucial ser vigilante y proactivo en distanciarte de la conducta ilegal. Si tienes conocimiento de actividades ilegales, es importante rechazar la participación y reportarlas a las autoridades correspondientes si es necesario. A los ojos de la ley, la ignorancia no siempre es una defensa, y tus acciones o inacciones pueden hablar mucho sobre tu participación. Siempre busca fomentar un entorno respetuoso de la ley en cada aspecto de tu vida para protegerte de posibles complicaciones legales.

Votar es un derecho

11

Emprendimiento: Iniciar tu Propio Negocio en Estados Unidos

Tengo una profunda pasión por el emprendimiento, que para mí, se encuentra en el corazón del sueño americano. Como propietario de un negocio, la emoción de compartir mis conocimientos y guiar a otros en este campo es inmensamente gratificante. A pesar de mi experiencia, soy consciente de que todavía hay mucho conocimiento por adquirir. Sin embargo, estoy ansioso por impartir los principios fundamentales que he aprendido, los cuales pueden ayudar a los emprendedores a iniciar su camino de comenzar un negocio en Estados Unidos.

Embarcarse en la aventura del emprendimiento en Estados Unidos es un emocionante proyecto que encarna el espíritu del sueño americano. Este capítulo está dedicado a guiarte a través de los pasos iniciales y cruciales para establecer tu propio negocio, desde seleccionar la estructura adecuada hasta comprender las licencias y
regulaciones necesarias.

Elección de una Estructura Empresarial

Cuando inicias un negocio, una de las primeras decisiones que debes tomar es elegir una estructura empresarial adecuada. Esta elección afecta todo, desde tus operaciones diarias hasta los impuestos y cuántos de tus activos personales están en riesgo. Debes elegir una estructura empresarial que te proporcione el equilibrio adecuado entre protecciones legales y beneficios. Veamos algunos de los tipos más comunes de estructuras empresariales:

1. **Propietario Único (Sole Proprietorship):** Esta es la forma más simple de entidad comercial, sin distinción entre el negocio y el propietario. Es fácil de crear y ofrece un control completo al propietario. Sin embargo, el propietario también es personalmente responsable de todas las obligaciones financieras del negocio.

2. **Sociedad (Partnership):** Un negocio propiedad de dos o más personas. Hay varios tipos, incluyendo sociedades generales, sociedades limitadas y sociedades de
responsabilidad limitada, cada una con sus propias peculiaridades en cuanto a responsabilidad e implicaciones fiscales.

3. **Compañía de Responsabilidad Limitada (Limited Liability Company LLC):** Esta estructura híbrida proporciona la protección de responsabilidad de una corporación con la eficiencia fiscal y flexibilidad operativa de una sociedad. El aspecto de
"responsabilidad limitada" protege los activos personales de deudas comerciales y demandas legales.

4. **Corporación (Corporation)**: Una estructura más compleja que puede ser una corporación C o una corporación S. Es una entidad legal independiente, separada de sus propietarios, que ofrece el mayor nivel de protección contra la responsabilidad personal, pero con requisitos regulatorios y responsabilidades fiscales adicionales.

5. **Corporación S (S Corporation):** Este designador permite

que las ganancias y algunas pérdidas se transfieran directamente al ingreso personal de los propietarios sin estar sujetas a tasas impositivas corporativas. No todos los estados gravan a las corporaciones S de la misma manera, pero la mayoría las reconoce de la misma

manera que el gobierno federal.

6. Corporación C(C Corporation) : Una entidad legal separada de sus propietarios. Las corporaciones ofrecen la mayor protección contra la responsabilidad personal, pero el costo de formar una corporación es más alto que otras estructuras y requiere un registro más extenso, procesos operativos y reportes.

Registrar tu Negocio

Después de seleccionar una estructura, el siguiente paso es registrar tu negocio ante las autoridades estatales correspondientes. Esto generalmente implica presentar la documentación necesaria y pagar una tarifa. Los requisitos específicos varían según el estado y la estructura empresarial.

Licencias y Permisos

Dependiendo de la naturaleza de tu negocio y su ubicación, es posible que necesites obtener varias licencias y permisos. Estos pueden variar desde una licencia comercial general hasta permisos más específicos (como permisos de salud o permisos de construcción). Es importante investigar los requisitos específicos en tu estado y municipio. busca en el internet, chatGPT o

Google Gemini la información de cómo y dónde puedes registrar tu negocio.

Otras Consideraciones

Aparte de los aspectos estructurales y regulatorios para iniciar un negocio, hay otras consideraciones a tener en cuenta:

Número de Identificación del Empleador (EIN): La mayoría de los negocios necesitarán obtener un EIN del IRS con fines fiscales.
Cuenta Bancaria Comercial: Separar las finanzas personales de las comerciales es crucial para proteger los activos personales.
Seguro: Dependiendo del tipo de negocio, es posible que necesites varios tipos de seguros, incluyendo responsabilidad, propiedad y compensación laboral.
Comprender las Leyes Laborales: Si planeas contratar empleados, deberás comprender las leyes laborales estatales y federales.

A medida que nos adentramos más en el mundo del emprendimiento, recuerda que comenzar un negocio es una maratón, no una carrera. Requiere planificación, toma de decisiones, consideraciones legales y un compromiso de aprender y adaptarse en el camino. Con el enfoque correcto, puedes establecer una sólida base para un negocio próspero que contribuya a la economía y a tu satisfacción personal.

Iniciar un negocio en Estados Unidos puede ser un emocionante emprendimiento, pero es esencial entender que diferentes tipos de negocios tienen diferentes requisitos en cuanto a licencias, seguros y calificaciones profesionales. A continuación, te proporciono un desglose de lo que podrías esperar para algunos tipos diferentes de emprendimientos comerciales.

Negocio de Servicios Profesionales (por ejemplo, Producción de Video)

Para servicios profesionales como la producción de video, diseño gráfico o consultoría de marketing, las barreras de entrada pueden ser más bajas en comparación con otros negocios:

Registro del Negocio: A menudo puedes operar como un propietario único o formar una LLC para una mayor protección legal.

Equipo Profesional: Inversión inicial en equipos de producción de alta calidad.

Seguro: Seguro de responsabilidad general para protegerte contra reclamaciones por daños a la propiedad o lesiones personales.

Portafolio: Un portafolio sólido o reel para mostrar tu trabajo a posibles clientes.

Marketing: Una estrategia de marketing efectiva para llegar a posibles clientes, a menudo a través de las redes sociales y el networking.

Negocio de Restaurantes

Abrir un restaurante implica requisitos más estrictos debido a las regulaciones de seguridad alimentaria:

Estructura del Negocio: Se recomienda una LLC o una corporación para mitigar la responsabilidad personal.

Permisos e Inspecciones de Salud: Cumplir con las regulaciones del departamento de salud local, incluyendo inspecciones periódicas.

Licencia de Bebidas Alcohólicas: Si planeas servir alcohol, esto es esencial y puede ser complejo y costoso de obtener.

Acuerdos con Proveedores de Alimentos: Asegurarte de tener proveedores confiables para los ingredientes.

Seguro: Además de la responsabilidad general, el seguro de propiedad y la compensación laboral, es probable que necesites pólizas específicas para el deterioro de alimentos y la responsabilidad por bebidas alcohólicas.

Personal Certificado: Es posible que los empleados necesiten certificaciones de manipulación de alimentos.

Práctica Médica (por ejemplo, Consultorio Médico)

Para los proveedores de atención médica, existen estándares rigurosos debido a la naturaleza crítica de los servicios proporcionados:

Licencia Profesional: Los profesionales deben estar licenciados por la junta médica del estado donde practican.
Acreditación: Es posible que la práctica deba estar acreditada por una organización de acreditación de atención médica reconocida.
Seguro de Mala Practica: Esencial para protegerse contra acciones legales por procedimientos médicos.
Cumplimiento de HIPAA: Adherencia a las regulaciones de privacidad para la información de los pacientes.
Servicios de Medicare y Medicaid: Si brindas servicios a estos pacientes, deberás cumplir con requisitos federales específicos.

Tienda Minorista

Abrir una tienda minorista para vender productos implica una combinación de planificación regulatoria y estratégica:

Registro del Negocio: LLC o corporación para proteger los activos personales. **Permiso de Vendedor:** Requerido para vender productos y recaudar impuestos sobre las ventas en la mayoría de los estados.

Inventario: Inversión inicial en inventario y posiblemente una relación con mayoristas o fabricantes.

Ubicación Física: Arrendar un espacio comercial y cumplir con las leyes de zonificación.

Seguro: Seguro de propiedad y responsabilidad general como mínimo.

Negocio de Comercio de Internet (E Commerce)

Los negocios en línea pueden evitar algunos de los desafíos de los negocios físicos, pero tienen sus propias consideraciones:

Sitio web: Crear un sitio web de comercio electrónico fácil de usar con procesamiento de pagos seguro.

Registro del Negocio: Dependiendo de la escala, una LLC podría ser aconsejable. Permiso de Impuesto sobre las Ventas: Necesario para recaudar impuestos sobre las ventas en línea si es requerido por tu estado.

Envío y Manejo: Planificación logística para enviar productos a los clientes. **Privacidad de Datos:** Asegurar la protección de los datos del cliente y cumplir con las regulaciones de comercio en línea.

Empresa de Construcción

Iniciar una empresa de construcción requiere comprender tanto el negocio como el oficio:

Licencia: Los contratistas necesitan licencias para operar, lo que a menudo implica aprobar un examen.
Fianzas y Seguro: Fianzas de garantía y seguro de responsabilidad para proteger contra accidentes y daños a la propiedad.
Entrenamiento y Cumplimiento de Seguridad: Cumplimiento de las normas de OSHA para la seguridad de los trabajadores.
Equipo: Inversión en o alquiler de equipos de construcción.

Cada tipo de negocio viene con su conjunto único de desafíos y requisitos legales. Es crucial investigar y comprender las necesidades específicas de la industria en la que te estás adentrando, así como las regulaciones locales y estatales que se aplican a tu campo elegido. Además, construir una red de asesores profesionales, incluyendo abogados, contadores y expertos de la industria, puede proporcionar orientación invaluable mientras navegas por las complejidades de iniciar y dirigir tu negocio.

Un Plan de Negocios

Un plan de negocios es un documento formal que describe tus aspiraciones comerciales y el camino para lograrlas. Es una herramienta vital para los emprendedores y propietarios de negocios porque les ayuda a refinar y esquematizar:

Objetivos comerciales y metas deseadas.

Conocimiento del público objetivo y del panorama competitivo. Enfoque para la comercialización y la generación de ventas.
Expectativas de éxito financiero.
Capacidad para obtener inversión o financiamiento.

Un plan de negocios completo abarca estos componentes fundamentales:

Resumen Ejecutivo: Este es un resumen conciso de tu plan de negocios, que encapsula tus objetivos, nicho de mercado, ventaja competitiva y perspectivas financieras, todo en una sola página.

Descripción General del Negocio: Esta sección debe describir detalladamente tu negocio, arrojando luz sobre la naturaleza de tus ofertas, el sector en el que te estás introduciendo y la historia de tu empresa.

Evaluación del Mercado: Aquí delineas tu demografía de clientes ideales y competidores. También debe presentar tu estrategia para llegar a los clientes y aumentar las ventas.

Equipo Directivo: Presenta a tu personal de dirección principal aquí, destacando sus antecedentes, capacidades y roles.

Proyecciones Financieras: En esta parte, detalla tus informes financieros proyectados, incluidos ingresos previstos, balances y flujos de efectivo.

Poseer un plan de negocios es ventajoso por múltiples razones. Puede:

Mejorar las decisiones comerciales. La elaboración de un plan de negocios te obliga a considerar minuciosamente cada faceta de tu empresa, lo que lleva a un plan completo para el éxito.

Atraer a inversores o acreedores. Quienes proporcionan capital, ya sean inversores o prestamistas, exigirán un plan de negocios sólido. Les muestra que tienes una estrategia bien pensada para sus fondos.

Seguir tu progreso. Un plan de negocios sirve como estándar para medir tu avance, ayudando a identificar tanto las fortalezas como las áreas que necesitan mejoras.

Mantener el enfoque en tus metas. Actúa como un recordatorio de tus objetivos, especialmente en momentos difíciles, ayudándote a mantener la dirección hacia tus metas finales.

Para cualquier persona que inicia un nuevo negocio, desarrollar un plan de negocios es un paso crucial. Es más que un simple documento, es una hoja de ruta hacia el éxito en tu trayectoria empresarial.

Análisis de Mercado

Un análisis de mercado es un paso crítico al abrir un negocio. Es un proceso de recopilación y análisis de información sobre tu mercado objetivo, competidores e industria. Esta información puede ayudarte a tomar decisiones informadas sobre la estrategia de tu negocio, productos o servicios, precios y esfuerzos de marketing y ventas.

Aquí tienes algunos de los beneficios de llevar a cabo un análisis de mercado:

Identificar tu mercado objetivo y sus necesidades. ¿Cuáles son sus características demográficas? ¿Cuáles son sus puntos problemáticos? ¿Qué están buscando en un producto o servicio como el tuyo?

Comprender a tu competencia. ¿Quiénes son tus principales competidores? ¿Qué están haciendo bien? ¿En qué podrían mejorar?

Evaluar el tamaño del mercado y el potencial de crecimiento. ¿Qué tan grande es tu mercado objetivo? ¿Está creciendo o disminuyendo?

Identificar tendencias y oportunidades. ¿Cuáles son las últimas tendencias en tu industria? ¿Existen nuevas oportunidades en las que puedas capitalizar?

Desarrollar una ventaja competitiva. ¿Cómo puedes diferenciar tu negocio de la competencia?

Establecer metas y expectativas realistas. ¿Cuáles son tus posibilidades de éxito en este mercado? ¿Cuánto tiempo tomará alcanzar tus metas?

Al realizar un análisis de mercado, puedes obtener una comprensión profunda de tu mercado objetivo, competidores e industria. Esta información puede ayudarte a desarrollar una estrategia de negocio que esté bien alineada con el mercado y que te proporcione una ventaja competitiva.

Aquí tienes algunos consejos para llevar a cabo un análisis de mercado:

Reúne datos de diversas fuentes. Esto podría incluir informes de la industria, estadísticas gubernamentales, encuestas a clientes y redes sociales.

Segmenta tu mercado objetivo. Divide tu mercado objetivo en grupos más pequeños según características demográficas, necesidades y otros factores.

Analiza a tus competidores. Identifica a tus principales competidores y evalúa sus fortalezas y debilidades.

Identifica tendencias y oportunidades. Investiga las últimas tendencias en tu industria y busca nuevas oportunidades para aprovechar.

Llega a conclusiones y haz recomendaciones. Basándote en tu análisis, llega a conclusiones sobre el mercado y haz recomendaciones para tu estrategia de negocio.

Un análisis de mercado es una herramienta esencial para cualquier propietario de negocio. Al tomarte el tiempo para llevar a cabo un análisis de mercado, puedes aumentar tus posibilidades de éxito en el mercado.

Proyecciones Financieras

Las proyecciones financieras son importantes para negocios de todos los tamaños porque ayudan a:

Planificar para el futuro. Las proyecciones financieras pueden ayudarte a anticipar los ingresos, gastos y flujo de efectivo de tu negocio en el futuro. Esta información puede ayudarte a tomar decisiones informadas sobre cosas como contratación, inventario y
marketing.

Obtener financiamiento. Si estás buscando financiamiento para tu negocio, los inversionistas y prestamistas querrán ver tus proyecciones financieras. Esta
información les ayudará a evaluar el riesgo de invertir en tu negocio y determinar si es probable que tengas éxito o no.

Seguir tu progreso. Las proyecciones financieras pueden servir como un punto de
referencia para seguir tu progreso. Esto puede ayudarte a identificar áreas en las que te está yendo bien y áreas en las que necesitas mejorar.

Tomar mejores decisiones comerciales. Las proyecciones financieras pueden ayudarte a tomar mejores decisiones comerciales al proporcionarte información sobre las implicaciones financieras de tus decisiones. Por ejemplo, si estás considerando lanzar una nueva línea de productos, puedes usar las proyecciones financieras para estimar los costos y beneficios de hacerlo.

Para crear proyecciones financieras, deberás recopilar datos sobre el rendimiento financiero histórico de tu negocio, así como sobre tu industria y el mercado en su conjunto. Una vez que hayas recopilado estos datos, puedes utilizarlos para crear un pronóstico de los ingresos futuros, los gastos y el flujo de efectivo de tu negocio.

Existen una variedad de métodos diferentes para crear proyecciones financieras. Los métodos más comunes incluyen:

Proyección de arriba hacia abajo: Este método implica pronosticar los ingresos generales de tu negocio y luego desglosarlos en categorías específicas, como ingresos por línea de productos o segmento de clientes.

Proyección de abajo hacia arriba: Este método implica pronosticar los costos y gastos individuales de tu negocio y luego sumarlos para llegar a un pronóstico general de gastos.

Análisis de flujo de efectivo descontado (DCF): Este método se utiliza para estimar el valor de una inversión futura. Toma en cuenta el valor temporal del dinero y el riesgo de la inversión.

Una vez que hayas creado tus proyecciones financieras, es importante revisarlas regularmente y actualizarlas según sea necesario. Esto te ayudará a asegurarte de que tus proyecciones sean precisas y de que estés tomando decisiones comerciales informadas.

Aquí tienes algunos consejos para crear proyecciones financieras:

Sé realista. Tus proyecciones financieras deben basarse en suposiciones realistas sobre la tasa de crecimiento de tu negocio, la participación en el mercado y los costos.

Sé específico. Tus proyecciones financieras deben ser lo más específicas posible. Por ejemplo, en lugar de pronosticar "aumento de las ventas", pronostica un porcentaje específico de aumento en las ventas.

Sé flexible. Tus proyecciones financieras deben ser lo suficientemente flexibles como para actualizarse según sea necesario. Por ejemplo, si la tasa de crecimiento de tu negocio es mayor de lo esperado, debes actualizar tus proyecciones financieras para reflejar esto.

Crear proyecciones financieras puede ser una tarea compleja, pero es importante. Siguiendo los consejos anteriores, puedes crear proyecciones financieras que te ayudarán a planificar para el futuro, obtener financiamiento, seguir tu progreso y tomar mejores decisiones comerciales.

Procesos y Procedimientos

Los procesos y procedimientos son importantes para empresas de todos los tamaños porque ayudan a:

Mejorar la eficiencia y productividad. Al estandarizar y documentar los procesos de tu negocio, puedes eliminar el desperdicio y optimizar tus operaciones. Esto puede llevar a mejoras significativas en la eficiencia y productividad.

Garantizar calidad y consistencia. Los procesos y procedimientos ayudan a asegurar que tus productos o servicios se entreguen con un alto estándar de manera consistente. Esto es importante para construir la lealtad y satisfacción del cliente.

Reducir errores y riesgos. Los procesos y procedimientos ayudan a identificar y mitigar posibles errores y riesgos. Esto puede ayudar a proteger a tu negocio de pérdidas financieras y daño a la reputación.

Incorporar y capacitar a nuevos empleados. Los procesos y procedimientos se pueden utilizar para incorporar y capacitar a nuevos empleados de manera rápida y eficiente. Esto puede garantizar que los nuevos empleados se pongan al día rápidamente y que sigan los procedimientos correctos.

Escalar tu negocio. A medida que tu negocio crece, es importante tener procesos y procedimientos en su lugar para respaldar tu crecimiento. Esto ayudará a garantizar que tu negocio pueda seguir funcionando de manera eficiente y efectiva a medida que crece.

Cómo crear procesos y procedimientos

Para crear procesos y procedimientos, puedes seguir estos pasos:

Identifica tus procesos empresariales clave. ¿Cuáles son los pasos más importantes involucrados en la entrega de tus productos o servicios?

Mapea los pasos involucrados en cada proceso. ¿Qué tareas deben completarse?
¿En qué orden deben completarse? ¿Quién es responsable de cada tarea?

Documenta tus procesos. Esto se puede hacer de varias maneras, como crear diagramas de flujo, listas de verificación o guías paso a paso.

Implementa tus procesos y procedimientos. Asegúrate de que todos los empleados estén al tanto de los procesos y procedimientos que son responsables de seguir. Supervisa y mejora tus procesos y procedimientos. Revisa tus procesos y procedimientos regularmente para identificar áreas de mejora.

Consejos para crear procesos y procedimientos efectivos
Aquí tienes algunos consejos para crear procesos y procedimientos efectivos:

Mantenlo simple. Los procesos y procedimientos deben ser fáciles de entender y seguir. Evita el uso de jerga o lenguaje complejo.

Sé específico. Los procesos y procedimientos deben ser lo más específicos posible. Esto ayudará a reducir errores y garantizar que todos sigan los mismos pasos.

Sé flexible. Los procesos y procedimientos deben ser lo suficientemente flexibles como para adaptarse a diferentes situaciones.

Obtén retroalimentación. Involucra a tus empleados en el proceso de creación y actualización de procesos y procedimientos. Sus comentarios pueden ayudar a garantizar que los procesos sean eficientes y efectivos.

Revisa y actualiza regularmente. Revisa tus procesos y procedimientos regularmente para identificar áreas de mejora. Asegúrate de que tus procesos y procedimientos estén actualizados con los últimos cambios en tu negocio y la industria.

Crear procesos y procedimientos puede ser una tarea que consume tiempo, pero es una inversión importante para tu negocio. Al tomar el tiempo para crear procesos y procedimientos efectivos, puedes mejorar la eficiencia y productividad, garantizar

calidad y consistencia, reducir errores y riesgos, incorporar y capacitar a nuevos empleados más fácilmente y escalar tu negocio de manera más efectiva.

Finanzas Empresariales

Financiar un negocio es el proceso de reunir dinero para

iniciar o hacer crecer un negocio. Existen diversas formas de financiar un negocio, que incluyen:

Ahorros personales: Esta es la forma más común de financiar un negocio. Es importante tener una base financiera sólida antes de comenzar un negocio, ya que esto te ayudará a enfrentar cualquier problema financiero que puedas encontrar.

Amigos y familiares: Si tienes amigos o familiares dispuestos a invertir en tu negocio, esta puede ser una excelente manera de recaudar dinero. Sin embargo, es importante ser claro acerca de los términos de la inversión antes de aceptar cualquier dinero.

Inversionistas ángeles: Los inversionistas ángeles son individuos que invierten su propio dinero en negocios en etapas tempranas. Normalmente buscan negocios con alto potencial de crecimiento.

Capital de riesgo: Las firmas de capital de riesgo invierten grandes sumas de dinero en negocios en etapas tempranas con el potencial de ser muy exitosos. Por lo general, adquieren una participación significativa en el negocio a cambio de su inversión.

Préstamos bancarios: Los préstamos bancarios son una forma tradicional de financiar un negocio. Sin embargo, puede ser difícil calificar para un préstamo bancario si estás comenzando o tienes un historial financiero limitado.

Subvenciones y préstamos gubernamentales: Existen varios programas gubernamentales que ofrecen subvenciones y préstamos a empresas. Estos programas pueden ser una excelente manera de financiar un negocio, pero pueden ser competitivos y difíciles de calificar.

La mejor manera de financiar tu negocio dependerá de tus circunstancias individuales y la etapa de tu negocio. Si estás comenzando, es posible que desees considerar financiar tu negocio con ahorros personales, amigos y familiares o inversionistas ángeles. Si estás haciendo crecer tu negocio rápidamente, es posible que debas considerar el capital de riesgo o los préstamos bancarios.

Obtención de Préstamos Empresariales: Una Guía Integral para Emprendedores

Iniciar un proyecto empresarial es una aventura emocionante y desafiante. Si bien la pasión y la dedicación son ingredientes esenciales para el éxito, los recursos financieros también son igualmente cruciales. Los préstamos empresariales desempeñan un papel fundamental al proporcionar el capital necesario para alimentar tus sueños emprendedores. Ya sea que estés buscando financiamiento para costos iniciales, expandir operaciones o adquirir nuevo equipo, comprender el panorama de los préstamos comerciales es esencial para tomar decisiones informadas.

Tipos de Préstamos Empresariales

El mundo de los préstamos empresariales ofrece una amplia gama de opciones adaptadas a necesidades y situaciones específicas. Aquí tienes un desglose de los tipos principales de préstamos empresariales:

1. **Préstamos a Plazo**: Los préstamos a plazo son el tipo más común de financiamiento empresarial, proporcionando una cantidad fija de capital que se reembolsa durante un período predeterminado con pagos regulares. Las tasas de interés y los plazos varían según el prestamista y la solidez crediticia de tu empresa.
2. **Préstamos de la Administración de Pequeñas Empresas (SBA):** La Administración de Pequeñas Empresas (SBA, por sus siglas en inglés) ofrece préstamos respaldados por el gobierno para pequeñas empresas elegibles, a menudo con tasas de interés más bajas y plazos más flexibles en comparación con los préstamos bancarios tradicionales.
3. **Préstamos para Equipos:** Los préstamos para equipos están diseñados específicamente para financiar la compra de maquinaria o equipo comercial esencial. Estos préstamos generalmente requieren el equipo como garantía.
4. **Línea de Crédito:** Una línea de crédito brinda acceso a fondos rotativos hasta un límite predeterminado, lo que te permite retirar los fondos según sea necesario y reembolsarlos con intereses. Es ideal para empresas con necesidades de flujo de efectivo fluctuantes.
5. **Descuento de Facturas:** El descuento de facturas implica vender tus facturas pendientes a una empresa de descuento de facturas a un precio con descuento. Esto proporciona

flujo de efectivo inmediato, pero a un costo de menor ingreso total.
6. **Adelanto de Efectivo para Comerciantes:** Un adelanto de efectivo para comerciantes es un tipo de financiamiento que proporciona una suma global de efectivo a cambio de un porcentaje de tus ventas futuras. A menudo es utilizado por empresas con opciones de financiamiento tradicionales limitadas.

Calificar para un Préstamo Empresarial

Los prestamistas evalúan la solidez crediticia de tu empresa y su capacidad para pagar el préstamo antes de aprobar tu solicitud. Los factores clave que influyen en su decisión incluyen:

1. **Puntuación de Crédito Personal:** Tu historial crediticio personal desempeña un papel importante para determinar tu elegibilidad y los términos del préstamo. Una sólida puntuación crediticia demuestra tu responsabilidad financiera y aumenta tus posibilidades de obtener condiciones favorables.
2. **Historial de Crédito Empresarial**: Si tu empresa tiene un historial crediticio establecido, los prestamistas considerarán tu historial de pagos y deudas pendientes para evaluar tu estabilidad financiera.
3. **Plan de Negocios:** Un plan de negocios bien estructurado que describa los objetivos, estrategias y proyecciones financieras de tu empresa proporciona a los prestamistas una visión del potencial y la viabilidad de tu negocio.

4. **Colateral:** Ofrecer colateral, como activos comerciales o propiedades personales, puede fortalecer tu solicitud de préstamo al reducir el riesgo del prestamista.
5. **Experiencia en la Industria:** Demostrar experiencia y conocimientos en tu industria puede mejorar tu credibilidad y convencer a los prestamistas de que tienes las habilidades y el conocimiento para administrar el préstamo de manera efectiva.

Obtención de un Préstamo Empresarial: Una Guía Paso a Paso

1. **Comparar Ofertas:** Compara las tasas de interés, los plazos y las tarifas de varios prestamistas para encontrar la oferta más competitiva.
2. **Reunir Documentos Financieros:** Prepara los estados financieros de tu empresa, las declaraciones de impuestos y el informe de crédito personal para respaldar tu solicitud.
3. **Completar la Solicitud de Préstamo:** Completa cuidadosamente la solicitud de préstamo, proporcionando información precisa y completa sobre tu empresa y tus finanzas.
4. **Proporcionar Documentación de Soporte:** Envía cualquier documento adicional solicitado por el prestamista, como planes de negocios, evaluaciones de garantías o documentos financieros personales.
5. **Reunión con el Prestamista:** Asiste a una reunión con el prestamista para discutir tu solicitud de préstamo y responder cualquier pregunta que puedan tener.
6. **Revisar y Firmar Documentos del Préstamo:** Una vez

aprobado, revisa cuidadosamente y firma todos los documentos del préstamo, asegurándote de entender los términos y condiciones.
7. **Recibir y Usar los Fondos:** Una vez que se finaliza un préstamo.

Tener un plan de negocios sólido: Tu plan de negocios debe ser un documento claro y conciso que describa tus objetivos comerciales, estrategias y proyecciones financieras. Esto te ayudará a atraer inversores y prestamistas.

Networking con posibles inversores y prestamistas: Asiste a eventos de la industria y reúnete con posibles inversores y prestamistas. Esto te ayudará a construir relaciones y conocer más sobre sus criterios de inversión.

Estar preparado para negociar: Cuando negocies con inversores y prestamistas, prepárate para negociar los términos de la inversión. Esto incluye la cantidad de dinero que necesitas recaudar, la tasa de interés y la participación en el capital que el inversor o prestamista recibirá.

Financiar tu negocio puede ser un desafío, pero es esencial para el éxito. Siguiendo los consejos anteriores, puedes aumentar tus posibilidades de obtener el financiamiento que necesitas para hacer crecer tu negocio.

Recuerda que una investigación exhaustiva, una planificación cuidadosa y un sólido plan de negocios serán tus aliados para asegurar los recursos financieros necesarios para alimentar tus sueños emprendedores.

Consejos Adicionales para Emprendedores en Búsqueda de Préstamos Empresariales

1. **Busca Orientación Profesional:** Considera consultar con un asesor financiero o un mentor empresarial experimentado para obtener conocimientos valiosos y orientación a lo largo del proceso de solicitud de préstamo.
2. **Forja Relaciones Sólidas con Prestamistas:** Desarrollar una buena relación con los posibles prestamistas puede abrir puertas a términos de préstamo más favorables y un mayor respaldo.
3. **Mantén la Transparencia y la Honestidad:** Sé transparente acerca de la situación financiera de tu empresa y aborda de manera proactiva cualquier inquietud potencial planteada por los prestamistas.
4. **Demuestra Compromiso y Pasión:** Transmite tu compromiso inquebrantable con tu negocio y la pasión que te impulsa al éxito. Los prestamistas están más inclinados a respaldar a emprendedores que muestran una creencia genuina en su proyecto.
5. **Prepárate para Preguntas:** Anticipa las preguntas comunes de los prestamistas y prepara respuestas bien ensayadas que resalten las fortalezas de tu negocio y las perspectivas de crecimiento.

6. **Negocia de Manera Efectiva:** Una vez que recibas ofertas de préstamo, no dudes en negociar términos más favorables, como tasas de interés más bajas o plazos de pago más largos.
7. **Administra los Fondos del Préstamo Responsablemente:** Utiliza los fondos del préstamo con prudencia, documentando cuidadosamente los gastos y manteniendo registros financieros precisos para demostrar una gestión financiera responsable.
8. **Mantente Informado Sobre las Obligaciones de Pago:** Lleva un registro de tu calendario de pagos del préstamo y realiza pagos a tiempo para mantener un historial crediticio positivo y mejorar tus posibilidades de obtener financiamiento futuro.
9. **Busca Recursos Adicionales:** Explora programas gubernamentales, centros de desarrollo empresarial y recursos en línea que brindan apoyo y asistencia a emprendedores en búsqueda de financiamiento.
10. **Abraza el Aprendizaje Continuo:** Educate continuamente sobre gestión financiera, estrategias de crecimiento empresarial y el panorama en constante evolución de los préstamos empresariales para tomar decisiones informadas y optimizar tus posibilidades de éxito.

Recuerda, asegurar préstamos empresariales no se trata solo de obtener recursos financieros; se trata de demostrar tu capacidad para administrar tu negocio de manera efectiva, tomar decisiones estratégicas y enfrentar los desafíos del viaje emprendedor.

Con perseverancia, dedicación y un enfoque bien estructurado, puedes abrir las puertas financieras que impulsarán tu negocio hacia el logro de su máximo potencial.

Alquilar o Comprar Equipos de trabajo

Los propietarios de negocios se enfrentan a una decisión crítica cuando se trata de adquirir equipos para sus operaciones: si comprar o alquilar. Ambas opciones tienen ventajas y desventajas distintas, y la mejor elección depende de varios factores específicos del negocio y del equipo en cuestión.

Comprendiendo las Diferencias Clave

La compra de equipos implica una inversión inicial sustancial, brindando propiedad y control sobre el activo. El arrendamiento, por otro lado, implica pagos periódicos, lo que permite a las empresas distribuir el costo y conservar el capital para otros fines.

Factores a Considerar

1. **Situación Financiera:** Las empresas con un fuerte flujo de efectivo pueden encontrar más ventajoso comprar equipos directamente, evitando pagos de intereses y obteniendo la propiedad inmediata. Para las empresas con capital inicial limitado, el arrendamiento ofrece flexibilidad y preservación del flujo de efectivo.
2. **Obsolescencia del Equipo:** Si es probable que el equipo se

vuelva obsoletorápidamente, el arrendamiento podría ser preferible, ya que permite actualizaciones más fáciles y evita la carga de activos en depreciación.

3. **Costos de Mantenimiento y Reparación:** Al comprar equipos, las empresas asumen la responsabilidad de todos los gastos de mantenimiento y reparación. El arrendamiento a menudo incluye acuerdos de mantenimiento, trasladando estos costos al arrendador.

4. **Implicaciones Fiscales:** Las compras de equipos pueden depreciarse a efectos fiscales, reduciendo el ingreso gravable con el tiempo. Los pagos de arrendamiento a menudo se consideran gastos operativos, proporcionando deducciones fiscales inmediatas.

5. **Flexibilidad y Escalabilidad:** Los contratos de arrendamiento a menudo tienen términos fijos, limitando la flexibilidad para actualizar o terminar el acuerdo. La compra de equipos ofrece un mayor control sobre el uso y la disposición de activos.

6. **Metas y Prioridades del Negocio:** Considera si el enfoque está en la propiedad a largo plazo de activos o en la conservación de capital para oportunidades de crecimiento. El arrendamiento se alinea con lo último, mientras que la compra se alinea con lo primero.

Tomando una Decisión Informada

1. **Evaluar las Necesidades de Equipo:** Define claramente los requisitos del equipo, considerando factores como el uso, el rendimiento y la vida útil.

2. **Investigar y Comparar Opciones:** Investiga diferentes modelos de equipos y compara opciones de compra y arrendamiento de varios proveedores.
3. **Analizar Implicaciones Financieras:** Crea proyecciones financieras detalladas para evaluar el costo total de propiedad tanto para la compra como para el arrendamiento, incluidos los costos iniciales, los pagos continuos, los gastos de mantenimiento y las implicaciones fiscales.
4. **Buscar Asesoramiento de Expertos:** Consulta con asesores financieros, especialistas en equipos y propietarios de negocios experimentados para obtener conocimientos y orientación.
5. **Considerar Estrategias a Largo Plazo:** Alinea la decisión sobre el equipo con la visión a largo plazo de la empresa, considerando planes futuros de crecimiento y avances tecnológicos.
6. **Priorizar las Necesidades del Negocio:** En última instancia, la decisión debe priorizar las necesidades del negocio, asegurando que la opción elegida se alinee con los objetivos financieros, la eficiencia operativa y los objetivos estratégicos de la empresa.

Recuerda que no existe una respuesta única para el dilema de comprar frente a arrendar. Evalúa cuidadosamente los factores específicos de tu negocio y del equipo en cuestión para tomar una decisión informada que respalde el éxito a largo plazo de tu empresa.

Conclución

Abrir un negocio puede traer estabilidad financiera, pero también puede ser un desafío y costar mucho dinero y tiempo. Mi consejo personal es que hagas un negocio que sea tu pasión, ¡porque la probabilidad de éxito es mayor cuando trabajas en lo que amas!

12

Integración Social: Creando Conexiones y Construyendo Relaciones

Al navegar por este vibrante y diverso país, una clave para el éxito y la felicidad reside en la integración social: establecer conexiones significativas y construir relaciones duraderas. Pero, ¿cómo hacer esto manteniendo un equilibrio entre ser amable y no permitir que otros se aprovechen de ti? ¿Cómo distinguir las oportunidades genuinas de los oportunistas? Vamos a explorarlo.

El Poder de la Bondad

La bondad, a menudo percibida como un gesto simple, tiene un inmenso poder en dar forma a nuestras interacciones y fomentar conexiones positivas. En una sociedad que valora la eficiencia y el logro, la bondad puede parecer una virtud prescindible. Sin embargo, es la bondad la que sustenta relaciones significativas, construye confianza y crea un mundo más compasivo.

La Bondad como Moneda Social

En el contexto estadounidense, la bondad sirve como una moneda social, facilitando la comunicación, fomentando la cooperación y mejorando nuestro estatus social. Abre puertas a oportunidades, fortalece relaciones y cultiva un sentido de pertenencia. Al extender la bondad, demostramos empatía, respeto y una voluntad de conectarnos con los demás.

Bondad vs. Debilidad

Mientras que la bondad se asocia a menudo con la debilidad o la pasividad, esta percepción es engañosa. La verdadera bondad no se trata de sacrificar nuestras propias necesidades o permitir que otros se aprovechen. En cambio, se trata de tratar a los demás con compasión, comprensión y un deseo de impactar positivamente.

Establecer Límites: Un Complemento Necesario para la Bondad

Así como la bondad es esencial para construir conexiones positivas, establecer límites es igualmente crucial para mantener nuestro bienestar y proteger nuestro espacio personal. Los límites definen qué comportamientos son aceptables e inaceptables, estableciendo límites claros que protegen nuestra salud física, emocional y mental.

El Arte de Decir "No"

Aprender a decir "no" cuando nos sentimos incómodos o sobrecargados es un aspecto fundamental de establecer límites. Demuestra autorespeto, asertividad y un compromiso de priorizar nuestras propias necesidades y bienestar. Decir "no" no significa ser descortés; significa valorar nuestro propio tiempo, energía y espacio emocional.

Reconocer Relaciones Unilaterales

Las relaciones saludables se construyen sobre el respeto mutuo, la reciprocidad y un sentido de equilibrio. Cuando una relación se vuelve unilateral, con una persona dando constantemente y la otra tomando, es momento de reevaluar la dinámica. Establecer

límites puede ayudar a restaurar el equilibrio y asegurar que ambas partes contribuyan equitativamente a la relación.

Conexiones Verdaderas: Basadas en el Respeto Mutuo, No en la Obligación

Las conexiones genuinas no se arraigan en la obligación o la explotación. Se fundan en el respeto mutuo, intereses compartidos y un deseo genuino de conectar con otra persona. Cuando la bondad se utiliza como una herramienta para manipular o extraer favores, pierde su autenticidad y se convierte en una forma de manipulación.

Abrazar la Bondad y Establecer Límites: Un Camino hacia la Armonía

En un mundo que a menudo glorifica el interés propio y la competencia, abrazar la bondad y establecer límites puede ser un acto consciente de autocuidado y respeto por los demás. Al extender la bondad, cultivamos una sociedad más compasiva, y al establecer límites, protegemos nuestro propio bienestar y fomentamos relaciones más saludables. En última instancia, es a través de este equilibrio armónico de bondad y asertividad que podemos crear una existencia más plena y significativa.

Ser humilde y mostrar respeto son cruciales para construir tu red y desbloquear oportunidades de éxito. Esta lección se me hizo cristalina durante mi tiempo trabajando como vendedor en un concesionario de Ford. Un día, un joven de unos 19 años entró en la sala de exposición. Vestido con una simple camiseta blanca y jeans azules, no pareció llamar la atención del personal de ventas más experimentado, que lo descartó debido a su apariencia juvenil y su vestimenta informal.

Sin embargo, cuando se acercó a la sección de coches usados donde yo estaba, me levanté inmediatamente para saludarlo. Le pregunté en qué estaba interesado, asegurándole que estaría más que feliz de ayudarle. Expresó su deseo de probar el nuevo Mustang. Sin dudarlo, acepté y, siguiendo el protocolo, solicité su licencia de conducir. Todo estaba en regla, así que procedimos con la prueba de manejo.

Al regresar, mencionó lo mucho que le gustaba el coche y necesitaba saber su precio total para organizar un cheque de caja para la compra al día siguiente. Le proporcioné la información sin dudar de su capacidad para realizar la compra. Fiel a su palabra, al día siguiente, un representante de la Embajada de Arabia Saudita llegó al concesionario con un cheque de caja para pagar completamente el coche en nombre del joven, quien resultó ser el hijo de una figura influyente en Arabia Saudita. Como muestra de gratitud por el trato respetuoso y amable que le había mostrado, me entregaron un sobre que contenía $400 dolares en efectivo.

Esta experiencia reforzó la importancia de la humildad y el respeto en mi trayectoria profesional, enseñándome que cada individuo, independientemente de su apariencia, merece un trato cortés y considerado, un principio que a menudo conduce a oportunidades inesperadas y gratificantes.

13

Discriminación y barreras culturales: Navegando las complejidades de la sociedad estadounidense

Estados Unidos, aunque a menudo se considera un crisol de

culturas, no es inmune a las realidades de la discriminación y las barreras culturales. A pesar de sus principios fundacionales de igualdad y justicia, estos problemas continúan impregnando diversos aspectos de la sociedad estadounidense, afectando a personas de diversos orígenes y obstaculizando su búsqueda de oportunidades equitativas.

Discriminación: Comprender el espectro

La discriminación se manifiesta en diversas formas, desde actos abiertos de prejuicio hasta formas sutiles de sesgo que pueden ser difíciles de identificar. Puede basarse en factores como la raza, el origen étnico, el género, la orientación sexual, la religión, la discapacidad o el estatus socioeconómico.

Discriminación abierta: Este tipo de discriminación se expresa abiertamente a través de acciones o palabras que apuntan intencionalmente a un individuo o grupo en función de su identidad. Los ejemplos incluyen insultos raciales, ataques físicos, negación de oportunidades de empleo o vivienda e insultos verbales o escritos explícitos.

Discriminación sutil: Esta forma de discriminación es a menudo más insidiosa, manifestándose en señales sutiles, comportamientos o políticas que indirectamente desfavorecen a ciertos grupos. Los ejemplos incluyen microagresiones, sesgos inconscientes y prácticas institucionales que perpetúan las desigualdades.

Barreras culturales: Navegar por las diferencias en comunicación y normas. Las barreras culturales surgen de las diferencias en los estilos de comunicación, valores, creencias y normas sociales entre personas de diversos orígenes. Estas diferencias pueden generar malentendidos, interpretaciones erróneas y sentimientos de exclusión o alienación.

Estilos de comunicación: Las diversas culturas tienen formas únicas de expresarse, que incluyen señales verbales y no verbales, patrones de conversación y el uso del silencio. Los malentendidos pueden surgir cuando estas diferencias no se entienden ni se respetan.

Valores y creencias: Los valores y creencias culturales dan forma a las perspectivas de vida, las relaciones y las normas sociales de los individuos. Los conflictos pueden surgir cuando personas de diferentes culturas tienen valores o creencias contrastantes.

Normas sociales: Las normas sociales dictan comportamientos y expectativas aceptables dentro de una cultura particular. Estas normas pueden variar ampliamente, lo que genera confusión o incomodidad cuando interactúan personas de diferentes culturas.

Estrategias para superar la discriminación y las barreras culturales

Si bien la discriminación y las barreras culturales plantean desafíos significativos, existen estrategias que las personas y la sociedad pueden emplear para abordar estos problemas y promover un entorno más inclusivo y equitativo.

Estrategias individuales:

1. **Educación y autoconciencia:** Edúquese sobre diferentes culturas, sus valores y su historia. Realice una autorreflexión para identificar cualquier sesgo o prejuicio personal que pueda tener.
2. **Empoderamiento y autodefensa:** Desarrolle un fuerte sentido de autoestima y confianza. Sea firme al hablar en contra de la discriminación y busque apoyo cuando lo necesite.
3. **Construcción de relaciones:** Cultivar conexiones significativas con personas de diversos orígenes. Participe en conversaciones abiertas y respetuosas para conocer sus experiencias y perspectivas.

Estrategias sociales:

1. **Capacitación y educación sobre diversidad:** Implemente programas de capacitación sobre diversidad en escuelas, lugares de trabajo y comunidades para promover la conciencia y la sensibilidad cultural.
2. **Leyes y políticas contra la discriminación:** Aplique leyes y políticas sólidas contra la discriminación para proteger a las personas de un trato injusto en función de su identidad.

3. **Sensibilidad cultural e inclusión:** Fomentar una cultura de inclusión en las organizaciones y comunidades celebrando la diversidad, valorando diferentes perspectivas y abordando las barreras culturales de manera proactiva.
4. **Colaboración y diálogo intercultural:** Fomente la colaboración y el diálogo intercultural para fomentar el entendimiento, promover el respeto mutuo y abordar las causas subyacentes de la discriminación y los sesgos culturales.

En conclusión, si bien la discriminación y las barreras culturales continúan planteando desafíos en la sociedad estadounidense, existe un movimiento creciente hacia una mayor comprensión, inclusión y equidad. Al adoptar la educación, la autoconciencia y el compromiso con la diversidad, las personas y la sociedad pueden trabajar juntas para crear un mundo más justo y equitativo para todos.

Forjando una América más inclusiva: un esfuerzo colectivo arraigado en la responsabilidad individual

Estados Unidos, una nación construida sobre los ideales de diversidad e igualdad, ha lidiado con los desafíos de la discriminación y los prejuicios a lo largo de su historia. Si bien se ha logrado un progreso, la búsqueda de una sociedad verdaderamente inclusiva sigue siendo un esfuerzo continuo que comienza en nuestros hogares y comunidades.

El efecto dominó de las actitudes cultivadas en el hogar

Las semillas de la discriminación y el racismo a menudo se siembran en el fértil suelo de nuestros hogares. Suposiciones tácitas, lenguaje sesgado y prejuicios no examinados, transmitidos de generación en generación, pueden moldear nuestras percepciones y comportamientos, influyendo en cómo interactuamos con personas de diferentes orígenes.

Romper el ciclo: educarnos a nosotros mismos y a nuestros hijos

Para desmantelar las estructuras de discriminación y fomentar una sociedad más respetuosa, primero debemos reconocer y abordar los sesgos que tenemos. Este viaje de autoeducación implica buscar activamente diversas perspectivas, entablar conversaciones abiertas y honestas sobre raza y prejuicios, y desafiar nuestras propias suposiciones y conceptos preconcebidos.

El poder de las palabras: fomentar un lenguaje inclusivo

El lenguaje, una poderosa herramienta de comunicación, también puede perpetuar estereotipos y reforzar sesgos nocivos. El uso consciente del lenguaje es crucial para crear un entorno inclusivo donde todos se sientan valorados y respetados. Debemos elegir conscientemente palabras que promuevan la comprensión y evitar aquellas que perpetúen estereotipos negativos.

El papel de los padres: cultivar la mente abierta

Los padres desempeñan un papel fundamental en la formación de la cosmovisión de sus hijos. Al fomentar la apertura mental, fomentar la curiosidad sobre diferentes culturas y enseñar empatía y respeto por todas las personas, podemos ayudar a nuestros hijos a convertirse en individuos responsables e inclusivos que contribuyan a una sociedad más justa.

El impacto del compromiso comunitario

Más allá de nuestros hogares, debemos participar activamente en nuestras comunidades para promover la inclusión y desafiar las prácticas discriminatorias. Apoyar a organizaciones locales que abogan por la diversidad, participar en diálogos interculturales y ofrecerse como voluntario en comunidades desatendidas puede amplificar nuestro impacto y crear un efecto dominó de cambio positivo.

La responsabilidad colectiva: un camino hacia una América más justa

La búsqueda de una América donde todos sean tratados con dignidad y respeto no es una carga que recaiga sobre unos pocos, sino una responsabilidad colectiva compartida por todos. Al educarnos, desafiar nuestros sesgos y participar en prácticas inclusivas, podemos crear una sociedad que refleje los ideales fundadores de nuestra nación de igualdad y justicia para todos.

Recuerde, cada paso que damos para desmantelar la discriminación, por pequeño que sea, contribuye al esfuerzo colectivo de construir una América más inclusiva y justa. Comencemos en casa, en nuestras conversaciones con nuestros hijos y en nuestras interacciones con nuestros vecinos, y expandamos gradualmente nuestro círculo de influencia, creando una ola de cambio positivo que dará forma a un futuro más brillante para todos.

14

Preservando la identidad cultural: Equilibrando dos mundos

La inmigración, un fenómeno que ha dado forma a los Estados Unidos, trae consigo una mezcla única de intercambio cultural y adaptación. A medida que las personas se embarcan en un viaje a una nueva tierra, llevan consigo el rico tapiz de su herencia, sus costumbres, tradiciones e idiomas. Si bien sumergirse en la nueva cultura es esencial para la integración y el éxito, es igualmente crucial preservar la propia identidad cultural, encontrando un equilibrio armonioso entre dos mundos.

El significado del patrimonio cultural

La identidad cultural no es simplemente una colección de tradiciones y prácticas; es la esencia misma de lo que somos, el fundamento sobre el que se construyen nuestros valores, creencias y sentido de pertenencia. Es el idioma que lleva las historias de nuestros antepasados, la música que conmueve nuestras almas y la cocina que nutre nuestros cuerpos y las tradiciones que nos unen a nuestras raíces.

Preservando la identidad cultural en una nueva tierra

Emigrar a los Estados Unidos, una nación llena de diversidad, presenta una oportunidad para abrazar nuevas experiencias culturales mientras se salvaguarda su propio patrimonio. Es un baile delicado entre asimilación y preservación, un viaje para encontrar puntos en común mientras se celebran las diferencias.

Adoptando la nueva cultura: Un camino hacia la integración

Sumergirse en la cultura estadounidense es un paso natural hacia la integración y el éxito. Aprender el idioma, comprender las costumbres y participar en las tradiciones locales fomenta un sentido de pertenencia y abre las puertas a nuevas oportunidades. Se trata de abrazar el espíritu del nuevo país, respetar sus valores y contribuir a su vibrante tapiz.

Encontrar un equilibrio: Honrando dos mundos

Preservar la identidad cultural mientras se abraza una nueva cultura no es un juego de suma cero. Se trata de encontrar un equilibrio armonioso, un espacio donde uno puede honrar su herencia mientras abraza plenamente las oportunidades y experiencias de su nuevo hogar.

La importancia de la preservación del idioma

El lenguaje es el alma de la cultura, el medio a través del cual se transmiten tradiciones, historias y valores de generación en generación. Preservar el idioma nativo no se trata solo de conservar un medio de comunicación; se trata de salvaguardar un vínculo vital con las raíces de uno, una conexión con el pasado y un puente hacia el futuro.

Celebrando la diversidad cultural: Una responsabilidad colectiva

La diversidad cultural no es una amenaza; es una fuente de

fortaleza y enriquecimiento para una nación. Abrazar y celebrar las diversas culturas que conforman los Estados Unidos es una responsabilidad colectiva. Se trata de reconocer las contribuciones únicas de cada grupo cultural y fomentar un entorno donde todas las culturas puedan florecer.

Conclusión: Un tapiz de culturas

La inmigración no se trata de despojarse de la propia identidad para adoptar otra; se trata de tejer el patrimonio cultural de uno en el rico tapiz de la nueva tierra. Al mantener la identidad cultural mientras se abraza la nueva cultura, las personas no solo contribuyen a su propia realización sino que también enriquecen la experiencia colectiva de la nación, creando una sociedad vibrante, diversa y verdaderamente inclusiva.

El tapiz culinario de Estados Unidos: Una sinfonía de sabores y culturas

Estados Unidos, una nación forjada a partir de los sueños y aspiraciones de inmigrantes de todos los rincones del mundo, es un verdadero crisol de culturas, cada una de las cuales deja su huella indeleble en el paisaje estadounidense. Y en ningún lugar esta fusión cultural es más evidente que en el ámbito de la cocina.

Desde las bulliciosas calles del Barrio Chino de Nueva York hasta los pintorescos pueblos enclavados entre las colinas onduladas de California, la escena culinaria de Estados Unidos es un vibrante caleidoscopio de sabores, aromas y tradiciones. Cada plato, testimonio del ingenio y la pasión de sus creadores, cuenta una historia, nos transporta a tierras lejanas y nos sumerge en el rico tapiz de la cocina global.

En el corazón del Barrio Chino de Nueva York, nos encontramos envueltos por los aromas tentadores del dim sum, delicados paquetes de masa llenos de una sinfonía de sabores, desde sabrosos dumplings de cerdo y camarones hasta los dulces y
reconfortantes bollos de crema. Cada bocado es un viaje a través de las tradiciones culinarias de China, un testimonio del legado perdurable de sus inmigrantes.

Aventurando más al sur, descubrimos los vibrantes sabores de la cocina etíope, donde la injera, un pan plano esponjoso de masa fermentada, sirve como plato y utensilio, recogiendo deliciosos guisos especiados, lentejas y verduras. Cada bocado es una explosión de texturas y sabores, un testimonio del rico patrimonio culinario de Etiopía.

Al otro lado del continente, en el corazón de Los Ángeles, nos reciben los aromas de la auténtica cocina mexicana, donde las fajitas chisporroteantes, las fragantes salsas mole y las picantes salsas nos deleitan los sentidos. Cada plato es una celebración de las tradiciones culinarias de México, un testimonio de la vibrante cultura que ha enriquecido el paisaje estadounidense.

Desde las islas de Jamaica, saboreamos los atrevidos sabores del pollo jerk, su aroma ahumado se mezcla con la dulzura de las frutas tropicales y el calor ardiente de los chiles Scotch bonnet. Cada bocado es una aventura culinaria, un testimonio del rico patrimonio culinario de Jamaica.

Y en las aromáticas cocinas de la India, nos encontramos envueltos por la sinfonía de especias, donde curries fragantes, esponjoso arroz basmati y pan naan horneado en tandoor crean una obra maestra culinaria. Cada plato es un testimonio de las tradiciones culinarias de la India, un testimonio del legado perdurable de sus inmigrantes.

La diversidad culinaria de Estados Unidos no es solo un deleite gastronómico; es una ventana a las culturas del mundo, un puente que nos conecta con tierras lejanas y diversas tradiciones. A través de cada bocado, obtenemos una comprensión más profunda de las personas, sus costumbres e historias.

Este tapiz culinario, tejido a partir de los hilos de innumerables culturas, es un testimonio de la grandeza de Estados Unidos. Es una nación que abraza la diversidad, celebra su herencia inmigrante y encuentra alegría en compartir los sabores del mundo con los brazos abiertos.

Entonces, embarquémonos en una odisea culinaria, saboreando los sabores de tierras lejanas y honrando las culturas que han enriquecido el panorama culinario de Estados Unidos. Porque al hacerlo, no solo ampliamos nuestros paladares sino que también profundizamos nuestra comprensión del mundo, un delicioso bocado a la vez.

15

El Largo Viaje: Reasentamiento Permanente y Éxito a Largo Plazo

América, a menudo aclamada como la tierra de las oportunidades, se erige como un testimonio único de la posibilidad de empezar desde cero y alcanzar el éxito y la felicidad. Esta narrativa ha sido un faro que atrae a personas de todos los rincones del mundo, todas buscando participar en el Sueño Americano. Sin embargo, el camino hacia el éxito a largo plazo y el reasentamiento permanente en América es multifacético y requiere una comprensión profunda del ethos, la historia y el marco legal de la nación.

Entendiendo el Tejido de la Sociedad Americana

Estados Unidos, con su rico tapiz de culturas y tradiciones, ofrece un entorno único para aquellos que buscan hacerlo su hogar permanente. El éxito en este contexto no se trata solo de prosperidad económica; implica integrarse en el tejido social, cultural y político del país. Esta integración requiere una apreciación y respeto por la diversidad que forma la sociedad estadounidense.

Aprendiendo de la Historia

La historia de América, con sus triunfos y tribulaciones, ofrece lecciones valiosas para aquellos que buscan establecer una base permanente. Comprender el contexto histórico de los valores, luchas y logros estadounidenses es crucial. Proporciona perspectiva sobre el viaje colectivo que ha moldeado el paisaje actual.

Respetando el Estado de Derecho

Uno de los pilares de la sociedad estadounidense es su fuerte adhesión al estado de derecho. Para aquellos que se reasientan, es vital comprender y respetar el marco legal que rige la vida en los EE. UU. Esto incluye todo, desde las leyes de inmigración hasta los derechos y responsabilidades civiles. El cumplimiento de estas leyes no solo asegura la seguridad personal y el éxito, sino que también contribuye a la estabilidad y el orden general de la nación.

Abrazando el Compromiso Cívico

El éxito a largo plazo en América a menudo depende de

un compromiso cívico activo. Esto implica participar en el proceso democrático, entender y debatir sobre cuestiones sociales y políticas y contribuir a la vida comunitaria. Tal compromiso fomenta un sentido de pertenencia y es fundamental para dar forma a políticas y prácticas que afectan la vida de todos.

Contribuyendo al Tapiz Americano

La fortaleza de América reside en su capacidad para evolucionar y crecer a través de las contribuciones de su diversa población. A aquellos que se reasientan y buscan el éxito a largo plazo aquí se les anima a aportar sus habilidades, perspectivas y experiencias únicas. Este enriquecedor intercambio mantiene vivo y relevante el Sueño Americano.

Protegiendo el Sueño Americano

Proteger la esencia de América, sus libertades, oportunidades y espíritu inclusivo, es una responsabilidad colectiva. Exige vigilancia y un compromiso para mantener los principios que han hecho del país un faro de esperanza y oportunidad. Entender y apreciar estos principios asegura que el sueño permanezca vivo para las futuras generaciones.

En conclusión, el reasentamiento permanente y lograr el éxito a largo plazo en América es un viaje que va más allá del logro personal. Se trata de formar parte de una narrativa más amplia, contribuir a la historia en curso de la nación y participar activamente en la salvaguarda de sus ideales fundacionales. Es en este esfuerzo colectivo donde el verdadero espíritu de América continúa prosperando e inspirando.